T0290332

Bob Dylan

Bob Dylan

Manuel López Poy

MA
NON
TROPPO

Un sello de Redbook ediciones
Indústria 11 (pol. Ind. Buvisa)
08329 Teià (barcelona)
info@redbookediciones.com
www.redbookediciones.com

© 2016, Manuel López Poy
© 2016, Redbook Ediciones, s. l., Barcelona

Diseño de cubierta: Regina Richling
Diseño de interior: Amanda Martínez

ISBN: 978-84-15256-86-1
Depósito legal: B-5.630-2016

Impreso por Sagrafic,
Plaza Urquinaona 14, 7º-3ª
08010 Barcelona

Impreso en España - *Printed in Spain*

Índice

Introducción
Sí, otro libro sobre Dylan

Sobre Bob Dylan han corrido ríos, cuando no océanos, de tinta. Su vida, obra y, por qué no, milagros, han sido objeto de biografías, análisis, ensayos, entrevistas y disecciones múltiples. Hay libros dedicados a una sola de sus canciones, obras que recogen todas sus letras, publicaciones con sus dibujos y sus poemas, relatos pormenorizados sobre su vida y cronologías exhaustivas sobre su obra. Por haber, hay incluso un libro titulado *Oh no! Not Another Bob Dylan Book* (*¡Oh no! Otro libro sobre Bob Dylan no*). Podría decirse, valga la redundancia, que está todo dicho, pero Bob Dylan es un tipo escurridizo. La historia acreditada en datos fidedignos, contrastados, incontrovertibles, no va con él, a pesar de ser la suya una de las historias más estudiadas, investigadas y acreditadas del siglo XX. Su propia autobiografía es un ejemplo de realidad subjetiva, desenfocada a veces, errática otras, equívoca siempre. Esa es su manera de preservar su intimidad, siempre expuesta a la mirada incisiva de la prensa y los aficionados, la forma de desviar el interés llamando la atención. Quizá uno de los estudiosos dylanianos que mejor lo ha expresado sea Eduardo Izquierdo en el broche final de su obra *Bob Dylan. La trilogía del tiempo y el amor*: «Dylan siempre ha sido un cachondo, al que tomamos más en serio los demás que él mismo».

Dylan es un personaje poliédrico y como tal es necesario abordarlo desde distintos ángulos, desde sus diversas facetas, aunque la mayor parte de las veces estas se mezclen, confundan y solapen. Por eso en este libro hemos tratado de parcelar su trayectoria, hemos querido estructurar la partitura de su vida. Hemos pretendido, en definitiva, organizar el caos que siempre rodea a los genios. De Dylan se ha dicho que es megalómano, inconformista, controvertido, desafiante, cínico, polémico... eso sí, nadie le ha calificado nunca de gris y mediocre.

Los más grandes le han definido con lo mejor de su repertorio verbal. Es el hombre del que Chuck Berry dijo «Nada de folkie o poeta. Es la gran bestia del rock and roll», al que Leonard Cohen definió: «Bob Dylan es uno de esos personajes que sólo aparecen una vez cada 300 o 400 años» al que Bruce Springsteen alabó: «En la música, Frank Sinatra puso la voz, Elvis Presley puso el cuerpo... Bob Dylan puso el cerebro».

En el universo musical hay dylanólogos, dylanófobos, dylanogistas, dylanofilos, dylanianos, dylanitas, pero nadie parece estar inmunizado ante el virus de un artista que se desmiente a sí mismo, un aspirante al Nobel de Literatura que desdeña sus capacidades poéticas, un mito de la canción protesta que lleva décadas intentando convencernos de que nunca le interesó ser un abanderado de los derechos humanos, un libertario que afirma que nunca le preocupó demasiado la defensa de la libertad.

En 1999 fue incluido en la lista de las cien personas más influyentes del siglo XX elaborada por la revista *Time*. Pero ni eso, ni el Premio Pulitzer, ni el Príncipe de Asturias de las Artes, ni el homenaje de más de medio centenar de músicos en el aniversario de Amnistía Internacional, ni las medallas del presidente de los Estados Unidos parecen hacer mella en un músico que soñó un día con ser Elvis Presley y acabó ocupando el mismo pedestal, el de los artistas venerados y cuestionados casi a partes iguales, pero cuyas canciones pasan de una generación a otra y forman parte inseparable del imaginario cultural universal.

Las cifras siempre son frías, pero sirven para dar una idea de la magnitud del protagonista de este libro. Bob Dylan lleva cincuenta y cinco años subido a los escenarios, ha vendido más de ciento veinticinco millones de álbumes en todo el mundo, sus canciones han sido versionadas treinta mil veces, en el año 2004 alcanzó el segundo puesto en la lista de los cien mejores artistas de todos los tiempos elaborada por la revista *Rolling Stone*, después de The Beatles, el manuscrito original con la letra de «Like a Rolling Stone» fue vendido en el año 2014 por un millón cuatrocientos mil euros, convirtiéndose en el documento más caro de la historia del rock. Sólo desde 1988 ha actuado en más de dos mil quinientos conciertos.

Hay también otras cifras que revelan su especial personalidad: el uno, del récord de menos jornadas que tardó en grabar un disco, o el diez, del número de canciones que incluyen sus álbumes desde 1975. Podríamos seguir así durante páginas, porque lo que ha dicho y hecho Dylan ha sido escudriñado hasta la saciedad, pero siempre con conclusiones nuevas y distintas. Y siempre convergiendo inevitablemente en lugares comunes: un artista irrepetible, carismático, huraño, excéntrico, cascarrabias, imprevisible…pero por encima de todo, genial.

Este libro es una guía y, como tal, pretende facilitar el trabajo a quienes, neófitos, curiosos, expertos o escépticos quieran aproximarse a uno de los más importantes protagonistas de la cultura popular de la segunda

mitad del siglo XX de una forma ágil, amena, ordenada y, en la medida
de lo posible, sencilla. Nada más y nada menos. Pero estas páginas son
además un paseo por la historia de más de medio siglo y una ventana a
toda una generación, la de los años sesenta, de la que el llamado Bardo
de Minnesota es uno de los escasos supervivientes y probablemente el
más legendario de todos ellos, lo que le convierte en algo tan manido
como complejo: una leyenda viva. Y como todas las leyendas vivas todavía no ha escrito el último capítulo, que tratándose de Dylan todavía
puede deparar muchas sorpresas.

1. Su vida, su tiempo y su obra

Los Orígenes

(1941 - 1960)

Sueños de rock & roll adolescente

Robert Allen Zimmerman nació en Duluth, una pequeña ciudad portuaria a orillas del Lago Superior, en Minnesota, el 24 de mayo de 1941, en el seno de una familia de clase media.  Sus padres, Abe Zimmerman y Beatrice Stone, conocida familiarmente como Beatty, eran judíos originarios del este de Europa, en el caso del padre de Odessa, una ciudad ucraniana al borde del Mar Negro, y en el caso de la madre, de Lituania. Se casaron en 1934, cuando los Estados Unidos se hallaban hundidos de lleno en la Gran Depresión, y durante los primeros años el matrimonio tuvo que vivir en casa de la madre de Abe, hasta que Beatty se quedó embarazada. Para entonces Abe había logrado un trabajo en la Standard Oil y pudieron trasladarse a un apartamento de dos habitaciones en un barrio de mayoría judía y polaca.

El pequeño Robert comenzó a ir a la escuela primaria Nettleton, muy cerca de su casa, en 1946, cuando comenzaban a regresar a la ciudad los soldados que habían estado en la Segunda Guerra Mundial. Pronto se hizo popular entre sus vecinos y su familia por sus dotes como cantante. Interpretaba con soltura canciones populares en las fiestas familiares, como en la boda de la hermana de su madre, Irene, donde cautivó a los invitados.

En 1946 nace su hermano David, pero el feliz acontecimiento se ve empañado por una epidemia de polio que asola la ciudad y que afecta a su padre, quien tras su estancia en el hospital queda tan debilitado que pierde su trabajo y la familia atraviesa una grave crisis económica que les obliga a trasladarse a Hibbing, una ciudad situada cien kilómetros más al norte, en la que vivía la familia de Beatty y además tenían un negocio dos hermanos de Abe. Era una ciudad minera pegada a Mesabi Iron Range, el mayor yacimiento de hierro de los Estados Unidos y la mayor mina a cielo abierto del mundo. Por aquel entonces tenía poco más de 16.000 habitantes de mayoría abrumadoramente blanca, con un buen número de emigrantes y refugiados europeos que acudían a buscar trabajo en la mina en una época en la que el país pasaba una ligera recesión. Hibbing siempre había sido un lugar próspero y prueba de ello es que allí se creó la primera línea de los famosos autobuses *Greyhound*, la que unió en 1914 Hibbing con Alice, a unos cuatrocientos kilómetros.

En una entrevista concedida en 2012 al periodista Mikal Gilmore de la revista *Rolling Stone*, Dylan definía así el pueblo donde se crió: «El pueblo en el que crecí estaba totalmente apartado del centro de la cultura. Estaba fuera de los márgenes del momento. Tenías todo el pueblo para vagabundear, y no existían sensaciones como la tristeza o la inseguridad. Simplemente había bosques, cielo, ríos y corrientes, invierno, verano, primavera y otoño. La cultura se basaba fundamentalmente en circos y carnavales, predicadores y pilotos, espectáculos para leñadores y cómicos, bandas de música y demás. Programas de radio excepcionales y música muy interesante. Todo esto, antes de los supermercados, los centros comerciales, los multicines y todo lo demás. Ya sabes, todo era mucho más fácil».

Tras unos meses viviendo en casa de la familia de Beatty, los Zimmerman se instalan en una casa de dos pisos en el número 2.425 de la Séptima Avenida. Abe y sus dos hermanos, Maurice y Paul, regentan Micka Electric, un negocio familiar de electrodomésticos que permite al clan llevar una vida desahogada. A los ocho años, Bob comienza a hacer sus primeros pinitos con el piano y a los diez se compra sus primeros instrumentos: una guitarra y una armónica. Comienza a escuchar la radio en casa, sobre todos a cantantes como Nat King Cole y Bing Crosby, los favoritos de su padre. En 1952, el mismo año en el que su familia se compra la primera televisión, el pequeño escribe sus primeras poesías. Es un niño un tanto solitario y retraído, al que le gusta leer, pasear e ir a los cines del centro a gastarse lo que ganaba haciendo recados para la tienda de su padre.

El 30 de octubre de 1954 celebra su *bar mitzva*, el rito con el que en la religión judía se celebra el fin de la infancia y el inicio de la madurez. El de Shabtai Zissel, que tal era el nombre hebreo del joven Zimmerman, fue un evento social relevante ya que su familia tenía cierto peso en la comunidad judía de su ciudad, que por aquellos días estaba integrada por unos trescientos miembros reunidos en torno a la sinagoga de la Congregación Agudath Achim. Esa llegada a la adolescencia marca también el principio del interés por la música del futuro Bob Dylan, que comienza a frecuentar la tienda de discos Crippa's, donde se aficiona al country y al blues. Hank Williams, el gran mito del country, se convierte en su referente, pero los *bluesmen* como Howlin' Wolf, Muddy Waters y John Lee Hooker moldean para siempre su forma de entender la música.

En 1955 sufre la misma revelación que miles de muchachos norteamericanos al escuchar por primera vez a Bill Haley cantando «Rock Around the Clock» en la escena con la que comienza la película *Blackboard Jungle* (Semilla de maldad). Es el nuevo sonido que llama a la juventud hacia la rebeldía primero y al consumismo después: el rock and roll. Pocos meses después ya tiene su primera banda, Golden Chords, con la que se dedica a tocar sobre todo temas de Little Richard. Bob toca el piano, Monte Edwarson la guitarra y LeRoy Hoikkala la batería. Pero sus gustos son divergentes: mientras Bob se inclina por la autenticidad del rhythm & blues negro, sus compañeros prefieren el nuevo rock & roll blanco. El grupo se separa y Bob se asocia con Larry Fabbro, que toca la guitarra, el contrabajista Bill Marinak y el batería Chuck Nara. Son The Shadow Blasters.

William John Clifton, más conocido como Bill Haley, está considerado uno de los padres creadores del rock and roll.

Por esa época consigue su primera motocicleta, una Harley de segunda mano que le otorga una independencia y una libertad de movimientos que comparte con John Bucklen, su mejor amigo, con el que hace escapadas a Duluth, su ciudad natal, o Saint Paul, donde conoció a los primeros músicos negros, los cantantes de una banda de *doo-wop*. En otoño de 1957 Bob se enamora de Echo Helstrom, una compañera de instituto que se caracterizaba por su personalidad a contracorriente. Rubia platino, con cazadora de cuero y pantalones vaqueros, era la imagen de la chica rebelde de la era dorada del rock & roll que cautivó a Bob hasta que a éste el pueblo se le hizo pequeño y se marchó a estudiar a Minneapolis. En sus últimos tiempos en el instituto, el futuro Dylan insistió una y otra vez en convertirse en músico de rock. Poco antes de su graduación actuó por última vez en Hibbing con una banda montada para la ocasión y llamada Elston Gunn and The Rock Boppers, en la que estaba acompañado por John Bucklen a la guitarra, Bill Marinac al contrabajo y tres chicas cantando doo-wop. Unos días después la futura estrella de la música acudió a Duluth para asistir a un concierto de Buddy Holly, Ritchie Valens y Bob Bopper, que tres días después fallecerían en el trágico accidente de avión que pasaría a la historia como 'El día que murió la música'. Bob nunca olvidó aquel concierto en el que siempre afirmó haber mantenido un momento de especial conexión visual con Buddy Holly. Son esos momentos los que convierten la historia del rock en leyenda.

El 5 de junio de 1959 se gradúa y dos meses después, gracias a una beca, ingresa en la facultad de Artes de la Universidad de Minnesota. Primero vive en una residencia estudiantil para judíos y poco después se instala en el barrio bohemio de Minneapolis, Dinkytown, donde su aspecto de rocker juvenil da paso a una imagen *hipster* más acorde con la moda del momento y el lugar, en el que abundan los poetas, los cantautores folk y los jóvenes escritores que emulaban al *beatnik* por excelencia, Jack Kerouac, el autor de *On the Road (En el camino)*. Pronto se convierte en cliente habitual del Purple Onion o el Ten O'Clock Scholar, unos cafés frecuentados por jóvenes músicos como John 'Spider' Koerner, Dave Ray y el poeta Dave Morton, que eran fans incondicionales de *bluesmen* clásicos como Leadbelly o Josh White y cantantes de folk como Woody Guthrie o Pete Seeger.

Fue en el Scholar donde Robert Zimmerman actuó por primera vez bajo el nombre de Bob Dylan, cuyo origen fue, es y será, motivo de controversia. En un primer momento afirmó que lo había adoptado como homenaje al poeta Dylan Thomas, y así perduró durante años, después Robert Shelton autor de la biografía *No Direction Home*, publicada por primera vez en 1965, afirmó que no había sido así, que en 1958 le comentó a su novia Echo Helstrom que había encontrado un nombre artístico, Bob Dillon, una mezcla de inspiraciones de un actor de televisión y una familia de Hibbing y que al final lo había cambiado a Dylan porque le sonaba mejor. Para rematar la jugada, en su autobiografía, *Crónicas Volumen 1*, publicada originalmente en 2004, volvió a insistir en que sí ' se había inspirado de alguna forma en el nombre del poeta inglés. De hecho, una de las razones más íntimas para su cambio de nombre, nuca confesada, habría sido su intención inicial de camuflar su origen judío, con el que nunca se sintió muy a gusto en sus días de bohemia universitaria, a pesar de que en el ambiente intelectual de Dinkytown había importantes personajes judíos, como Tova Hammerman, una destacada *beatnik* con la que nunca se llevó demasiado bien.

Sea como sea, en los días que comenzó a llamarse Bob Dylan tenía una novia, Bonnie Jean Beecher, a la que había conocido durante sus escapadas a Minneapolis antes de acabar el instituto. La chica estudiaba interpretación, era aficionada al blues y se conocía la intelectualidad local al dedillo. Fue ella quien inspiró poemas de Dylan de aquellos días como *My Life in a Stolen Moment*. Pero el joven aspirante a genio musical era un corazón inquieto y frecuentaba a otras chicas, como Gretel Hoffman, con la que actuaría en un par de ocasiones y que le dejaría por su amigo David Whittaker, o Ellen Baker, una amiga de Bonnie, cuya madre le ayudó a atravesar aquel duro invierno, sobre todo cuando se fue a vivir a una habitación desangelada en el corazón de Dinkytown y tuvo que sobrevivir tocando a veces a cambio de un café y un bocadillo. Tuvo incluso que empeñar su guitarra pero logró salir del agujero gracias a la oferta fija del Purple Onion, donde le pagaban cinco dólares por actuación y le dejaban dormir cuando no tenía otro sitio al que ir.

En el verano de 1960, emulando a los héroes de la generación *beat*, se echó a la carretera para irse a Colorado y trabajó durante una corta temporada en Central City. A su regreso abandonó la universidad y sobrevivió tocando donde pudo y viviendo en casa de amigos. Por aquellos días comenzó su afición a la marihuana, que corría con tanta fluidez como los panfletos izquierdistas en las fiestas de los jóvenes e ideologizados bohemios en las que acabó conociendo a un joven llamado Dave Whitaker, el mismo que le quitaría a su novia Gretel pero que le daría a conocer a Allen Ginsberg, William Burroughs y el resto de escritores de la generación *beat*, y sobre todo el que pondría en sus manos *Bound for Glory*, la autobiografía de Woody Guthrie que cambiaría su vida para siempre, aunque según la versión de Howard Sounes, quien le prestó el libro fue un compañero de facultad llamado Harry Weber. En cualquier caso, su lectura supuso una revelación, o como él mismo explicó de forma diáfana: «Fue la verdadera voz del espíritu americano. Me dije a mí mismo que iba a ser el discípulo más grande de Guthrie». Woody se convierte en su obsesión y en diciembre de 1960 llama el hospital donde está internado aquejado de una afección llamada Corea de Huntington que le he convertido en un enfermo terminal con menos de cincuenta años. Con Whitaker como testigo de la conversación, Bob le dice a quien sea que se haya puesto al teléfono: «Voy para allá. Dígale a Woody que voy a verlo».

La música de Woody Guthrie influenció a artistas como Bob
Dylan, Phil Ochs, Bruce Springsteen o Joe Strummer.

Tras una triste visita navideña a Hibbing para comunicar a su padres que ha dejado los estudios y que quiere irse a Nueva York, regresa a Minneapolis para anunciar a sus escépticos amigos que se marcha a la ciudad de los rascacielos para ver a Guthrie. Intenta pasar las fiestas con Bonnie Beecher, pero los padres de ella se oponen, así que abandona la ciudad haciendo autoestop rumbo a Chicago, donde pasará varias semanas antes de ir a Madison (Wisconsin), última parada antes del gran sueño: Nueva York.

Nueva York

(1961)

En las entrañas de la bohemia

Finales de enero de 1961. Dylan llega por fin a Nueva York. La ciudad lo recibió con un clima gélido. Aquel mes, los termómetro marcar los ocho grados bajo cero de media por las noches y en ocasiones incluso menos, por lo que Bob se refugió en los cafés del Greenwich Village, el barrio que acogía a cientos de jóvenes como él, chicos de provincias ilusionados y sin un dólar en el bolsillo. El Gerde's, el Cafe Wha?, el Common's o The Gaslight acogían cada noche a noctámbulos, curiosos y músicos aficionados al folk urbano heredero de la música popular norteamericana de los cantantes blancos del campo y de los *bluesmen* negros. Son tiempos de cambio en los Estados Unidos, sobre todo del *American Way of Life*. El 26 de enero, el nuevo presidente John Fitzgerald Kennedy ofrece su primera rueda de prensa y anuncia la liberación por parte de la Unión Soviética de dos militares capturados durante un grave incidente entre los ejércitos de los dos países. Ese mismo mes muere el escritor Dashiell Hammett, uno de los creadores de la novela negra y víctima de la caza de brujas anticomunista. Y también en enero, cinco estudiantes afroamericanos entran por primera vez en la Universidad de Georgia. El ambiente en los cafés del Village es un hervidero de poetas y escritores con ideas contestatarias, de publicaciones izquierdistas más o menos artesanales. Casi cada noche en algunos de ellos se celebra un *Hootennany*, una reunión en la que cualquiera puede subir al escenario e interpretar algo, eso sí, siempre que sea capaz de hacerse oír con su guitarra por encima del ruido de las apasionadas discusiones política e intelectuales.

En una de esas reuniones en el Cafe Wha?, un garito de la calle McDougal, hace su primera aparición el joven cantante de Duluth, y a partir de ese momento empieza a echar mano de todo su encanto personal y sus habilidades artísticas para conseguir cada día una comida y una cama. Pero su prioridad es conocer a Woodie Guthrie y con esa intención se presenta en casa de la ex esposa del maestro el folk, Marjorie, que vive en Queens con sus tres hijos (Arlo, que seguirá los pasos de su padre y que entonces tiene treces años, Joady y Nora, que es la que abre la puerta y reconoce en el desaliñado muchacho a uno de los típicos seguidores de su padre). Marjorie está fuera, trabajando, y es Arlo quien deja entrar a

Bob y le explica que su padre está en hospital. El domingo 29 de enero, Dylan cumple al fin su sueño y conoce a Guthrie en casa de Bob y Sidsel Geason, un matrimonio amigo de Woody que solía llevárselo a pasar el fin de semana con ellos para que pudiera recibir las visitas que no podían acudir al hospital, como su antiguo representante Harold Leventhal o compañeros como Pete Seeger o Ramblin' Jack Elliot. Dylan se añade a la larga lista de admiradores que acuden a charlar con el viejo maestro, como Peter La Farge, Phil Ochs o John Coen. Todos ellos animan la existencia del anciano prematuro consumido por una enfermedad que casi no le permite hablar y mucho menos cantar, cosa que hacen sus acólitos -entre ellos el joven de Minnesota- para que él siga disfrutando de la música.

En los meses siguientes, Dylan visitará con cierta regularidad a quien considera su maestro y consigue que le dedique unas letras en las que hay poco más que la escueta frase «Todavía no estoy muerto» que el aspirante a artista guarda como un verdadero tesoro. Aquella ansiada amistad da a Bob la fuerza suficiente para seguir sobreviviendo en el crudo invierno neoyorquino, mientras va haciendo nuevos amigos como Mark Spoelstra que, aunque sólo lleva un par de meses en la ciudad, le sirve para establecer sus primeros contactos, convirtiéndose ambos en figuras populares del Village.

El hecho de que toque la armónica le facilita a Bob acompañar a otros músicos, aunque vivir de las propinas le sigue resultando complicado y tiene que echar mano de todos sus encantos personales para ir saliendo del paso. El matrimonio Gleason lo acoge esporádicamente en su casa y grupos de música consolidados, como New World Singers -integrados por Gil Turner, Happy Traum y Bob Cohen- le van cediendo espacio al final de sus espectáculos para que se vaya dando a conocer. No sólo cae bien a todos sino que resulta bastante atractivo para las chicas.

El 5 de abril actúa en el Loeb Student Center de la Universidad de Nueva York y seis días después consigue un contrato para actuar durante dos semanas como telonero del *bluesman* John Lee Hoocker en el Gerde's Folk City, un restaurante italiano que por las noches se convertía en el templo del folk neoyorquino, cuyo dueño -Mike Porco- dedica los lunes a la actuaciones de jóvenes promesas como Dylan. En ese local será descubierto por Joan Baez, Tom Paxton, Dave Van Ronk y otras figuras de la canción y la contracultura muy populares en el Greenwich Village. Van Ronk se convierte en una especie de padrino para él y le permite pasar alguna noche en su casa, además de darle consejos musicales, y su esposa Terri hace las veces de mánager, tratando de conseguirle algunos trabajos. También consigue cobijo en casa de Eve y Mac McKenzie, un matrimonio que conoció a través de Marjorie Guthrie durante un concierto de Cisco Houston, viejo compañero de correrías de Woody. En casa de los McKenzie conoce a una de sus primeras novias en Nueva York, Avril, y allí compone algunas de sus primeras canciones.

Otros de sus primeros padrinos fueron el veterano cantante Ramblin' Jack Elliot, a quien conoce durante una de sus visitas a Woody Guthrie y en quien se inspira para mejorar su estilo musical, o Liam Clancy, uno de los componentes de The Clancy Brothers, grupo de folclore tradicional irlandés con letras muy combativas. El centro de reunión de toda aquella pandilla es el Gerde's, que se convierte en la verdadera casa de Bob y su amigo Spoelstra. Allí conoce a también grandes mitos del blues como Big Joe Williams, Lonnie Johnson o Victoria Spivey, una cantante afroamericana que posee un modesto sello discográfico en el que produce discos de músicos de blues y jazz, como Muddy Waters, Memphis Slim o Louis Amstrong, y donde el 2 de marzo Bob consigue colocar su armónica en cuatro temas del álbum *Three Kings And The Queen*, de Roosevelt Sykes, Big Joe Williams, Lonnie Johnson y Victoria Spivey. De esa jornada queda una histórica foto del joven cantautor junto a la propia Victoria, Big Joe y el productor Len Kunstadt.

En mayo, Bob y su amigo Mark Spoelstra consiguen participar en el
Indian Neck Folk Festival de Branford (Connecticut), tras lo que Dylan
hace un viaje a Minneapolis para saludar a sus amigos de los días de la
universidad y contarles sus éxitos en la gran ciudad y, sobre todo, ver de
nuevo a su ex novia Bonnie Beecher, cosa que hace aunque no con los
resultados esperados, ya que ella está con otro chico. Eso hace que Bob
decida regresar cuantos antes a Nueva York y volcarse en su carrera, que
por cierto, está empezando a levantar el vuelo. De regreso a la gran manzana comienza a ampliar horizontes y actúa sin éxito en las localidades
próximas de Cambrigde y Saratoga Springs. También empieza a frecuentar el Gaslight Club, otro de los templos del folk neoyorquino, donde conoce a Wavy Gravy, un poeta y actor cómico muy bien relacionado
con la élite de los *hipsters* (como el poeta Allen Ginsberg o el cómico
Lenny Bruce), y que se convierte en el nuevo protector del joven artista,
compartiendo noches de charlas y marihuana que el cantante recordaría
en su canción «Bob Dylan's Dream». En el mes de junio logra por fin
actuar durante una semana en el Gaslight junto a Dave Van Ronk y capta la atención del mánager Roy Silver, con quien acaba firmando un contrato por cinco años que tampoco le supone un avance espectacular en su
carrera.

A finales de julio Bob actúa en un festival folk organizado por la emisora WRVR de Nueva York. En el cartel figura los más grabado del folk
y el blues, como Tom Paxton, Ramblin' Jack Elliot, Victoria Spivey o

Cynthia Gooding, pero lo más destacado de ese día es una chica que se sienta entre el público con su hermana mayor, Carla, una aficionada al folk que trabaja con el famoso musicólogo Alan Lomax, el hombre que ha grabado a los históricos *bluesmen* rurales de los campos del sur del país. La chica en cuestión tiene sólo diecisiete años, se llama Suze Rotolo y será el primer gran amor de Bob Dylan y su primera musa. Nadie mejor que él para definir lo que significó ese encuentro, cosa que hizo en su autobiografía: «Desde el primer momento en que la vi no pude quitarle los ojos de encima, ella era la cosa más erótica que jamás había visto. Era muy hermosa, con la piel y el cabello dorados y de sangre italiana. Empezamos a hablar y mi cabeza comenzó a girar».

Rotolo fue, desde el primer día, mucho más que un gran amor, fue también la persona que cambió para siempre la vida y la carrera de aquel joven cantautor que había nacido en una ciudad de provincias y que, gracias en buena medida a la influencia de aquella chica, se proyectó a todo el planeta. Suze pertenecía a una familia de intelectuales izquierdistas de origen italoamericano. Su padre era un obrero sindicalista que había fallecido tres años antes y su madre, María, era una escritora y activista política que colaboraba en varias publicaciones de signo comunista. La propia Suze, a pesar de su juventud, tenía un importante bagaje cultural, mucha relación con varios grupos feministas, militaba en el grupo antinuclear Sane y colaboraba con el Congreso por la Igualdad Racial. Con ella Bob conoce un nuevo ambiente cultural, frecuenta al domicilio de Alan Lomax y hace nuevas amistades, como Mikki Isaacson, una especie de protectora de artistas pobres, el escritor y músico de folk Richard Fariña y su esposa, la cantante Carolyn Hester. Gracias a ellos, se le abren las puertas del Club 47 de Cambridge, donde había debutado Joan Baez, y conoce al productor de la CBS, John Hammond.

En septiembre regresa al Gerder's para actuar durante dos semanas y es descubierto por Robert Shelton, un critico del *New York Times*, gracias a las gestiones de Roy Silver, el representante de Bob. El 29 de septiembre el diario neoyorquino publica la primera reseña sobre Bob Dylan, que anda ya en tratos con Hammod para entrar en la CBS, al tiempo que se deja cortejar por un nuevo mánager, Albert Grossman, que acabaría convertido en su representante. El 26 de octubre firma por fin con la discográfica. Todo parece ir viento en popa, pero el camino al éxito no ha hecho más que empezar y no estará exento de problemas y desilusiones. La noche del sábado 4 de noviembre consigue su primera actuación en un escenario 'de verdad'. Se trata del Carnegie Chapter Hall, un reducido local ubicado en la quinta planta del famoso Carnegie Hall, con aforo para doscientas personas. La entrada cuesta dos dólares pero Dylan no consigue reunir a más de cincuenta amigos y conocidos. De aquel primer intento más o menos serio saca veinte dólares y una enorme decepción. Además su relación con Suze no avanza como a él le gustaría. Quiere que se vaya a vivir con él a un apartamento que acaba de alquilar en West Forth Street, en el corazón de Greenwich Village, pero Suze es menor de edad y su madre y su hermana Carol se oponen frontalmente a semejante aventura.

Por esos días, Bob firma su primer contrato con Albert Grossman, con lo que el mánager del trío de moda, Peter, Paul & Mary, se hace con la dirección de los negocios musicales del joven cantante por un período de siete años y desbanca a Roy Silver como representante. A finales de noviembre graba con la discográfica *CBS* su primer LP, *Bob Dylan*. En total registra diecisiete canciones, nueve de ellas en una sola toma, ya que el cantante se niega a grabar repeticiones, aunque cuatro de ellas son finalmente descartadas. Al final se escogen trece canciones, todas ellas versiones de temas tradicionales o blues clásicos menos dos, «Talkin New York» y «Song to Woody», compuestas por el propio Dylan. La compañía invierte en la sesión de grabación unos cuatrocientos dólares.

Bob Dylan junto a su primer mánager, Albert Grossman, que en aquel entonces era representante del trío de moda, Peter, Paul & Mary.

En los días previos a Navidad regresa a Minneapolis. A pesar de su incipiente éxito sigue sin tener dinero ni para albergarse decentemente, así que tiene que conformarse con dormir en un rincón del apartamento de su ex novia Gretel y su amigo Dave Whitaker. Son días extraños, viendo a los viejos amigos, quedando con sus antiguas novias, Echo Helstrom y Bonnie Beecher y echando de menos a Suze, aunque su relación con la Rotolo pasa por días tormentosos. Él quiere que se casen y ella se debate entre irse a vivir con él o mantener su libertad frente al absorbente cantante y realizar su sueño de convertirse en pintora.

Días de amor y música
(1962 - 1964)
La estrella del folk y la canción protesta

En enero de 1962, Suze y Bob cumplen por fin su sueño de irse a vivir juntos, con la oposición de la madre de ella, que a pesar de todas sus ideas progresistas no siente ningún agrado por ese cantante bohemio sin ningún porvenir. Carla, la hermana de Suze, tampoco ve con buenos ojos aquella relación y tiene constantes discusiones con Bob, que sigue acosado por las dificultades y las decepciones, como la que se lleva a principios de año cuando no pasa la prueba que le hace la *CBS* para enviarlo al show de Ed Sullivan.

En febrero sale a la calle el primer número de *Broadside*, la revista artesanal impresa con mimeografía, una especie de multicopista, que han montado Agnes 'Sus' Cunningham, una cantante, compositora y estudiosa de la música folk de notorias ideas izquierdistas y su marido Gordon Friesen, antiguos miembros ambos del grupo de música popular e ideario antifascista, Almanac Singers, en el que también habían militado Woody Guthrie, Pete Seeger, Lee Hays, Millard Lampell, Cisco Houston o Josh White, entre otros. *Broadside*, que contaba con el apoyo de figuras de la cultura contestataria neoyorquina como Pete Seeger o Gil Turner, nació con el propósito de dar a conocer los poemas, canciones e ilustraciones de artistas relacionados con el folk y la música popular, y en su primer número incluía ya la letra de una canción de Dylan, «Talkin' John Birch Paranoid Blues», en la que hablaba de la paranoia anticomunista de una asociación patriótica y que más adelante habría de empezar a cimentar su aureola de músico rebelde al abandonar un plató de televisión en el que había sido censurada.

Son los días del enfrentamiento de los Estados Unidos con el gobierno cubano, que acaba de formar un acuerdo de colaboración con la Unión Soviética al que el presidente Kennedy responde con el decreto del bloqueo económico a la isla que perdurará hasta el siglo XXI. Prácticamente en paralelo, el 19 de marzo, sale al mercado su primer álbum, *Bob Dylan*, que tiene una discreta acogida y en su primer año en el mercado no logra vender más allá de cinco mil copias. Las relaciones con la discográfica no son buenas. La CBS presiona a John Hammond para que se deshaga de aquel chico extraño que no acaba de cuajar, pero el productor se mantiene firme e incluso amenaza con abandonar la compañía.

Bob Dylan junto a Suze Rotolo, musa del joven músico
e imagen iconográfica del pop.

Son también días felices con Suze, que le introduce en un mundo nuevo de compromisos sociales y políticos y Bob acaba contagiándose de ese ambiente a la hora de escribir sus propias canciones protesta. Un noche de la primavera de 1962, tras una discusión mantenida con sus amigos en el café Common's del Village sobre el tema de los derechos civiles, Dylan escribe «Blowin' in the Wind». La comunidad afroamericana vive momentos agitados, con la reunificación de las distintas organizaciones en Mississippi, el estado donde la segregación es más dura, las *Freedom Rides*, (marchas por la libertad) extendiéndose desde Alabama hacia el sur y el recrudecimiento de los ataques del Ku Klux Klan. La canción verá la luz por primera vez a finales de mayo al ser publicada su letra en *Broadside*. Pero Dylan también tenía sus propios problemas de índole doméstica. La relación con Suze pasa por momentos difíciles, mientras la madre de ella la reclama para que viaje a Italia durante el inminente verano, cosa a la que Bob se opone. Finalmente se impone la opinión de María Rotolo y madre e hija se marchan a Italia el 8 de junio, justo cuando Groossman formaliza la compra de los derechos de Bob a su antiguo representante, Roy Silver, por diez mil dólares. Pocas veces se ha hecho un negocio tan redondo, aunque quizá se le aproxime el de los treinta y cinco mil que RCA pagó a *Sun Records* por el contrato de Elvis Presley.

Dylan pasa aquel mes de agosto en un estado de abandono, depresión y autocompasión, justo cuando adopta dos decisiones fundamentales en su vida, la primera de tipo formal, al cambiar legalmente su nombre de Robert Zimmerman por el de Bob Dylan, y la segunda, de tipo económico con consecuencias de futuro, cuando firma la exclusividad con Grossman a cambio de un veinte por ciento de las ganancias más otro cinco por ciento de ingresos brutos procedentes de la venta de discos. De aquellos polvos de los porcentajes vendrían los futuros lodos de las demandas judiciales y los odios encarnizados. Por si faltaba algo, el 30 de julio, Grossman firma con la editorial de canciones Witmark & Sons la venta de «Blowin' in The Wind» por un cincuenta por ciento de los beneficios. Ajeno a estos tejemanejes, Dylan sigue sumido en el desamparo amoroso. Suze aplaza su regreso de Italia, donde ha descubierto una nueva libertad lejos del claustrofóbico ambiente del Village, y él se refugia en la composición de canciones y las actuaciones en los bares del Village. La revista más importante de la música folk, *Sing Out!*, le dedica la portada de su número de otoño. En la entrevista que se publica en el interior, la figura emergente y un tanto altanera en la que se ha convertido expone con abrumadora sencillez su proceso creativo: «Las canciones están ahí. Existen por sí mismas, a la espera de que llegue alguien que las escriba. Yo sólo las pongo en el papel».

En diciembre viaja por primera vez a Inglaterra para participar en la grabación de un episodio del espacio dramático de televisión *The Madhouse on Castle Street*, cuyo director, Philipe Saville le había conocido tocando en un café de Grenwich Village. En el episodio Bob interpreta a un joven anarquista y toca por primera vez «Blowin' in the Wind». Las grabaciones fueron destruidas años más tarde y no se conserva copia.

Durante su estancia en Londres, entra en contacto con el ambiente folk de la ciudad y toca en varios locales como el Troubador o el Singer's Club, donde conoce a figuras locales de la música tradicional como Peggy Seeger, hermanastra de Pete, su marido Ewan MacColl y Martin Carthy, quien según el historiador dylaniano Howard Sounes, le apadrinó en cierta forma y le enseñó algunos temas del folclore británico como «Lord Franklin» o «Scarborough Fair», que el cantante norteamericano convertiría poco después en su célebre tema «Girl From The North Country».

Tras una breve estancia en Roma junto a su representante, Albert Grossman, que le acompaña en una gira a Odetta, Dylan regresa a Londres para participar en el disco *Dick Fariña & Eric Von Schimdt*, que sus dos amigos están grabando en los estudios *Doug Dobell's* y en el que también participa Ethan Singer (Bob usa el seudónimo de Blind Boy Grunt). Por fin el 12 de enero de 1963 participa en la grabación del episodio para la BBC y, tras constatar que no tiene madera de actor, regresa a los Estados Unidos.

A principios de febrero, en una reunión en el apartamento de Gil Turner, uno de los editores de la revista *Broadside*, graba una demo de «Farewell», una canción en la que le acompaña su amigo Happy Traum. Este tema, que durante décadas se creyó que había sido grabado en uno de los cafés que Bob frecuentaba en el Village, y que fue regrabado poco después para el sello independiente *Witmark*, estaba inspirado en la balada tradicional inglesa «Leaving of Liverpool» y hablaba de alguien que deja atrás un ser querido. Su estribillo, «Así que adiós, amor de mi vida / Nos encontraremos otro día, en otra ocasión / No es el partir lo que duele /Sino el amor que va a quedar atrás», refleja el estado de ánimo de un Dylan que por aquellos días atravesaba una profunda crisis con Suze Rotolo, a la que daba por perdida e intentaba recuperar a toda costa. Poco a poco, el éxito de Bob los había ido distanciando, él era cada día más popular y ella se veía cada vez más agobiada por esa popularidad y la fuerte personalidad del cantante. Pero llegó la reconciliación y la que durante más de un año había sido la musa del artista de Minnesota accedió a implicarse en el lanzamiento de su segundo disco, *The Freewheelin' Bob Dylan*, en el que el artista abandona la línea de baladista tradicional para revelarse como un compositor de temas con un importante conte-

nido poético y un fuerte compromiso social, ambos fruto en buena medida de la influencia de Rotolo, quien se presta a acompañarle en la foto
de portada del disco. Aquel invierno de 1963, Nueva York está sufriendo
una ola de frío y las calles llevan varios meses cubiertas de nieve, siendo
especialmente crudo a mediados de febrero, con temperaturas mínimas
de cuatro grados bajo cero, justo cuando al fotógrafo Don Hunstein decide hacer la sesión de la que saldría la mítica foto de la portada, con Suze
y Bob caminando juntos sobre la nieve por la esquina entre la Calle 4 y
Jones Street, muy cerca de su apartamento en el Village, cogidos del
brazo, con él aterido de frío dentro de una simple chaqueta y ella apoya-
da en su hombro. Nadie puede saberlo a ciencia cierta, y aunque la ruptura definitiva no se produciría hasta seis meses más tarde, es probable
que aquella portada que provocó la envidia de cientos de miles de parejas
y enamorados varios durante décadas, escondiese la semilla del distanciamiento y desamor.

Pero la grabación y el lanzamiento de álbum *The Freewheelin' Bob
Dylan* están marcados también por el enfrentamiento entre el mánager
Albert Grossman y el productor John H. Hammond, una trifulca en la
que el mánager intenta romper el contrato con la *CBS*, alegando que lo
Dylan firmó siendo menor de edad, a lo que la discográfica responde que
cuando realizó las sesiones de grabación ya tenía más de 21 años. Al final

Grossman consigue quitar de en medio a Hammond, que es sustituido por Tom Wilson, un joven afroamericano que provenía del jazz y que acabará produciendo a artistas como Simon & Garfunkel, The Mothers of Invention, Eric Burdon & The Animals o The Velvet Underground.

El 12 de abril, Dylan celebra su primer concierto importante en el Town Hall de Nueva York y logra un éxito aplastante. Seis días después participa en el Festival de Folk de Monterrey junto a Joan Baez, con quien canta canciones de su nuevo disco, como «Masters of War», y versiones de clásicos populares, como «Talkin' Bear Mountain Picnic Massacre Blues». Bob y Joan realizan una gira por Chicago y Ontario (Canadá).

Aunque se conocían desde hacía tiempo, no habían tenido una relación estrecha y ella no tenía ni siquiera una gran opinión de aquel tipo que pasaba de la arrogancia a la timidez, pero Bob aprovecha el viaje para darle a conocer su trabajo y comienza a ganarse su admiración.

El 12 de mayo de 1963, Bob protagoniza la primera de sus polémicas mediáticas cuando abandona el programa de Ed Sullivan porque no se le permiten cantar la canción que había preparado, «Talkin' John Birch Paranoid Blues», por considerarla ofensiva para una organización de corte anticomunista radical. La canción también es censurada en el disco, del que ya se han distribuido algunas copias, que son retiradas. Todo esto agudiza la rebeldía de Bob y comienza a labrar su aureola de estrella contestataria. Mientras, la versión edulcorada de *The Freewheelin' Bob Dylan* se convierte en un éxito de ventas que reporta a su autor más de dos mil quinientos dólares al mes y Dylan triunfa en el Festival de Monterrey junto a una Joan Baez convertida en la estrella de la canción protesta. Juntos cantan a dúo «With God on Our Side», un himno desde entonces, y juntos se van a pasar unos días a casa de ella en California para iniciar uno de los romances más sonados de la historia de la música, valga la redundancia.

En junio, Bob ve como una de sus canciones más emblemáticas, «Blowin' in the Wind» se convierte en un arrasador éxito de ventas en la versión de Peter, Paul & Mary, un precedente de algo que se repetiría numerosas veces a lo largo de su carrera, mientras él mismo se convierte en un emblema de la lucha contra la segregación racial, un asunto en el que en realidad no había estado especialmente involucrado hasta ese momento. Convencido por el actor y cantante folk Theodor Bikel, el 6 de julio se traslada junto a Pete Seeger a Mississippi, una de las zonas donde

la segregación racial es más dura, para participar en un acto de homenaje a Medgar Evers, un líder afroamericano de la lucha por los derechos
civiles asesinado un mes antes.

Joan Baez influyó en el joven Dylan, animándole a sumarse al activismo social y a temas relacionados con los derechos civiles.

   Entretanto, su relación con Baez se hace más intensa y se vuelve la co-
midilla del mundillo musical cuando ambos se convierten en las estrellas
del Festival de Folk de Newport, celebrado entre el 26 y el 28 de julio
y al que asisten treinta y siete mil personas. Suze Rotolo también está
presente en el festival, que abandona completamente abatida tras escuchar como Bob presenta su tema «Don't Think Twice, It's All Right»,
afirmando que se trata de una canción que habla sobre una relación que
ha durado demasiado. Al conocer que Joan ha propuesto a Bob acompañarle en su gira de verano, Suze intenta suicidarse en su apartamento
de Nueva York, tras lo que la pareja se distancia y ella se va a vivir con su
hermana Carla. A principios de agosto, Dylan y Baez se embarcan en una
gira en la que la pareja funciona como un dúo de éxito infalible y el 27
de ese mes ambos participan en la histórica jornada de la Marcha sobre
Washington por el Trabajo y la Libertad, en la que Martin Luther King
pronuncia su famoso discurso «Yo tengo un sueño» y que constituye el

momento cumbre de la lucha por los derechos de los afroamericanos. Ese verano la pareja lo terminan juntos en la casa que el representante Albert Grossman tiene en las proximidades de Woodstock, una zona que cada día gusta más a Bob. Sin embargo, el romance se ve amenazado por los nubarrones del desencuentro entre la activa militancia política de Baez y el escaso interés que muestra Dylan en ese asunto, a pesar de que su letras se estén convirtiendo en himnos del inconformismo. Además su relación comienza a resultar sospechosa entre la comunidad folk más comprometida, que les acusa de usarla como mero elemento publicitario para la promoción de sus respectivas carreras musicales.

A finales de septiembre comienzan las grabaciones del tercer LP del cantante, *The Times They Are a-Changin'*. El 10 de octubre vuelve a actuar con Joan Baez en el Hollywood Bowl y dos semanas después celebra un gran concierto en el Carnegie Hall de Nueva York que confirma su estatus de estrella del espectáculo y al que sus padres asisten de incógnito por instrucciones del artista, empeñado en enmascarar sus propios orígenes.

Dylan nunca ha tenido una personalidad muy estable y la fama parece incrementar sus desequilibrios interiores. La cosa se agrava el 22 de septiembre, cuando todo el país asiste consternado al asesinato del presidente John Fitzgerald Kennedy. Dylan se obsesiona con su propia muerte y unos días después, el 13 de diciembre, protagoniza un penoso espectáculo en un acto del Comité de Emergencia de las Libertades Civiles, que le concede le prestigioso Premio Tom Paine. En su discurso de agradecimiento deja estupefactos a todos los presentes al pronunciar un discurso delirante en el que hace mofa de la vieja guardia en la lucha por las libertades y muestra una insólita empatía con Lee Oswald, el asesino de Kennedy. Posteriormente trataría de explicarlo como un acto de conmiseración hacia Oswald, pero el daño ya está hecho y muchos comienzan a perderle el respeto que le tenían por su compromiso social.

En enero de 1964 se edita *The Times They Are a-Changin'*, un disco que supone la consolidación de su carrera ,con diez composiciones propias entre las que destaca la que da título al álbum y que se convierte en el eslogan juvenil de los tiempos de cambio que vive el país. En general la acogida de la prensa fue favorable y destacó el giro en la forma de componer del autor, pasando de la pura canción protesta a un mensaje más personal e introspectivo en temas como «Boots of Spanish Leather», «North Country Blues» o «With God on Our Side». Tuvo un razonable éxito comercial llegando al número veinte del *Billboard*, fue el cuarto disco más vendido en Inglaterra y acabó logrando el disco de oro.

Ese invierno lo pasa viajando y actuando por todo el país a bordo de una ranchera con Victor Maymudes, Paul Clayton y Pete Karman, en una recuperación del espíritu de la generación *beat*. Entre otras cosas, en ese viaje descubre la existencia de unos serios competidores, los británicos The Beatles, que tienen ocho canciones entre los primeros diez puestos de las listas de éxitos y acaban de desembarcar en los Estados Unidos. También conoce a Ralph Gleason, futuro fundador de la revista *Rolling Stone*, que le introduce en el ambiente de Berkeley en el que estaba a punto de estallar el movimiento *hippie*. En California recibe sus primeros baños de popularidad y se reencuentra con Joan Baez, lo que supone el fin definitivo de su relación con Suze Rotolo, a quien Bob seguía viendo durante sus estancias en Nueva York, que se había quedado embarazada y había sufrido un aborto, lo que colocó a la pareja al borde del abismo sentimental.

El día 17 de mayo Dylan llega a Inglaterra para comenzar una gira en el Royal Albert Hall, donde se lleva de la sorpresa de reencontrarse con su viejo amigo de los días de Hibbig, John Bucklen, que estaba haciendo el servicio militar en una base de los Estados Unidos en las Islas Británicas, y donde recibe un telegrama de John Lennon excusándose por no poder estar presente en el concierto. Tanto en ese viaje como a su regreso entra en contacto con el mundo de los alucinógenos, que influirán en la composición de sus siguientes canciones, sobre todo a partir de «Mr. Tambourine Man», una canción que incluirá en su cuarto álbum, en el que se pone a trabajar a principios del verano.

En julio participa en una nueva edición del Festival de Newport, donde sus nuevas canciones no cosechan tanto entusiasmo como sus anteriores temas protesta, aunque su actuación es un nuevo éxito. Un mes después, el 8 de agosto, se publica *Another Side of Bob Dylan*, su cuarto LP, cuyo título fue idea del productor Tom Wilson y no gustó nada a Dylan porque creía que daría la razón a los que criticaba su presunto cambio de criterio a la hora de componer canciones, cosa que él negaba. El disco tiene una acogida discreta, tanto por parte de los críticos como del público y el sector más tradicionalista se queja de que está abandonado el folk y la canción protesta.

Ese verano conoce por fin a The Beatles en un encuentro organizado por el periodista Al Aronowitz, el mismo que le había presentado al poeta Allen Ginsberg en el invierno del 63. Cuenta la leyenda que aquel día The Beatles se fumaron sus primeros porros de marihuana. Siguieron viéndose en los días posteriores y los británicos reconocieron más tarde que aquel encuentro y las letras de Dylan cambiaron su forma de componer su propias canciones y enfocar su música.

En octubre, Dylan ofrece un concierto en el Phillarmonic Hall de Nueva York que es grabado en directo y en noviembre da un concierto en la Universidad de Berkeley. Ese invierno se distancia definitivamente de Joan Baez y conoce a una modelo, ex conejita de *Play Boy*, llamada Sara Lownds divorciada de un fotógrafo llamado Hans Lownds y con una hija pequeña. Sara era amiga de Sally Ann Buelher, que se convertiría en la esposa de Albert Grossman. Por entonces Dylan se había instalado en un apartamento de Chelsea, donde vivían artistas y escritores de prestigio y antes de las navidades de 1964 vivía allí con Sara y su hija.

Descarga eléctrica en Newport
(1965 – 1973)
La polémica reconversión al rock

El 25 de julio de 1965 es la fecha que marca el histórico salto mortal hacia adelante. El día de la conversión de la fulgurante promesa del folk en estrella del rock sobre las tablas del escenario del Festival de Newport. Pero ese años comenzó ya con evidentes señales de cambio. A mediados de enero comienza la grabación del quinto LP de Dylan, en el que intervienen nada menos que cinco guitarristas, tres bajistas, dos pianistas y un batería. El despliegue obedecía a los cambios provocados por la búsqueda de un nuevo estilo en la música del antiguo cantautor, una línea directa de rock & roll y blues, aunque de los diez temas, cuatro eran eminentemente acústicos. Durante la primavera vuelve a salir de gira con Joan Baez, pero la química entre ellos se ha extinguido. Bob tiene un nuevo amor y ella le considera prácticamente un traidor por abandonar la línea ortodoxa de la canción protesta.

El 22 de marzo sale al mercado *Bringing It All Back Home*, su quinto álbum y una nueva apuesta musical. Temas como «Subterranean Homesick Blues», «She Belongs to Me» o «Maggie's Farm» anuncian una nueva época para el rock & roll, mientras que canciones como «Love

Minus Zero/No Limit», marcan el camino de las melodías con letras
más complejas que las que había compuesto hasta entonces. El disco fue
bien acogido por la prensa en su momento, pero andando el tiempo se
convirtió en uno de los puntales de la música de los años sesenta. Inau-
gurando un nuevo estilo personal en el que mezcla el ingenio con la
ironía y la excentricidad, en la rueda de prensa de presentación prácticamente no menciona el disco, se burla de las preguntas y contesta dispa-
rates cuando le interrogan sobre su vida privada.

En abril realiza su primera gira por Inglaterra, que ya había visitado
en dos ocasiones, pero esta vez es una estrella alojada en el lujoso Hotel
Savoy y perseguida por las fans. Viaja acompañado de Joan Baez, lo que
al principio acapara la atención de la prensa, ya que todos la consideran todavía su compañera sentimental, pero inmediatamente comienza a
desmarcarse de ella. Será el final del exitoso dúo y sus últimas actuaciones
juntos en mucho tiempos. La gira será rodada por D.A. Pennebaker para
el documental *Don't Look Back* que reflejará perfectamente ese distanciamiento, con Baez deambulando sola por detrás de los escenarios sin que
Bob, que viajaba acompañado por Sara Lownds, le hiciese el menor caso.
En las ruedas de prensa de su llegada al aeropuerto y la posterior del Hotel Savoy, Dylan se muestra abiertamente como una estrella excéntrica y
caprichosa, riéndose de los periodistas y contestando lo primero que se
le pasa por la cabeza. El hecho de que se estuviese rodando una película

documental sobre su figura incrementó su actitud impostada y escanda-
losa. El acto central de la gira fueron los conciertos del 9 y 10 de marzo
en el Royal Albert Hall, al que acudieron The Beatles y The Rolling
Stones y le encumbró como una estrella de la música pop.

A su regreso a los Estados Unidos desarrolla una frenética actividad,
propia de una *rock star*: A pesar de ser un artista de álbumes, lanza un single tras otro: «Subterranean Homesick Blues», «Like a Rolling Stone»
y «Maggies Farm» salen al mercado en menos de un mes y se convierten
en un éxito entre una nueva generación de jóvenes adictos al rock and
roll. En el verano de 1965, el tema «Mr. Tambourine Man» se convierte
en número uno de las listas, pero en la versión de The Byrds. A pesar
de sus ganancias millonarias y del reconocimiento que ello suponía para
su talento como compositor, Dylan sigue sin aceptar con naturalidad el
hecho de que algunas de sus canciones tengan más éxito interpretadas
por otros artistas. Por primera vez en su vida, el dinero deja de ser una
preocupación y puedes permitirse todos los caprichos que quiera y el
primero de ellos es comprarse una casa en el campo, en Woodstock, cerca de donde vive Grossman, su representante. Es una mansión de once
habitaciones a la que él y Sara bautizan como Hi Lo Ha.

El 25 de julio regresa al Festival de Newport, el escenario de sus primeros grandes triunfos junto a Joan Baez, pero esta vez el protagonismo
será única y exclusivamente suyo, y no precisamente por el clamoroso
éxito de sus canciones. La historia es una de las más legendarias de la
música rock. En un ambiente de división entre los puristas que aposta-
ban por la continuidad del festival como mantenedor de las esencias del
folk y quienes creían que debía abrirse a nuevos estilos musicales, Dylan
sale al escenario ataviado como una estrella del rock y acompañado por la
Paul Butterfield Band. Armado con una guitarra eléctrica -la legendaria
Fender Stratocaster- interpreta tres temas, pero los abucheos del público, sorprendido por el sonido, que además de eléctrico estaba completamente distorsionado, le impiden continuar con su actuación. Pocos minutos después regresa con su guitarra acústica tratando de recuperar su
imagen tradicional y calmar los ánimos, algo que consigue sólo en parte
interpretando «Mr. Tambourine Man». Pero la batalla ideológica ya se
ha desatado de forma irreversible, Bob Dylan es acusado de traición, el
público le da la espalda y él se retira indignado.

Después de aquello se refugió en el estudio para preparar su siguiente
disco, *Highway 61 Revisited*, con una banda de estudio en la que figuran

Al Kooper y Mike Bloomfield, que le habían acompañado en Newport. Mientras, trata de mantener los compromisos de sus conciertos, aunque no le resulta fácil ya que los músicos del disco tienen otros planes y no tienen intención de echarse a la carretera. A través de la secretaria de Albert Grossman, conoce a Levon Helm y Robbie Robertson, de The Hawks, una banda que había acompañado al cantante de rockabilly Ronnie Hawkins, y estos aceptan acompañarle sin conocer apenas a Dylan, al que la polémica ha comenzado a perseguir allá donde vaya. El 27 de agosto actúa en Forrest Hills ante catorce mil personas. En la primera parte del concierto, cuando interpreta en acústico sus temas de estilo folk y sus canciones de protesta, el público le sigue entregado, pero en cuanto salen al escenario The Hawks para desplegar el repertorio de rock eléctrico comienzan los abucheos y los gritos que le acusan de traición. El 3 de septiembre actúan en el Hollywood Bowl de Los Ángeles temiéndose lo peor, pero el público californiano parece más tolerante y el concierto es un éxito. Dylan decide que The Hawks serán su banda de acompañamiento en la gira que está previsto que comience el 24 de septiembre en Austin (Texas).

El 30 de agosto se publica *Highway 61 Revisited*, su sexto álbum de estudio, grabado en seis sesiones maratonianas. El nombre del disco era un homenaje a la carretera del blues por excelencia, la que une Nueva Orleans con Duluth, Minnesota, el lugar de nacimiento de Dylan, y que pasa por Memphis (Tennesee), Saint Louis (Misouri) o Clarksdale (Mississippi) la mítica cuna del blues del delta donde el mítico *bluesman* Robert Johnson vendió el alma al diablo y donde nacieron Son House, John Lee Hooker, Ike Turner o Sam Cooke, entre otras muchas figuras de la música afroamericana. El álbum contiene algunos de sus temas más legendarios como «Like a Rolling Stone», «Tombstone Blues», «Desolation Row» o el que da título al disco, «Highway 61 Revisited», que en poco tiempo llegó al tercer puesto del *Billboard*. Las críticas del disco son favorables, y aunque inicialmente algunos medios especializados como *Melody Maker* lo describan como una obra tan incompresible como impactante, en líneas generales ha acabado siendo considerado como uno de los mejores trabajos del bardo de Duluth. A pesar de la buen acogida del disco, los conciertos de la gira de presentación siguen siendo una fuentes de conflictos. El público aplaude en la parte acústica, pero al llegar al repertorio eléctrico comienzan invariablemente los silbidos y los abucheos.

Mientras sigue la gira, el 5 de octubre, entra en los estudios de Columbia en Nueva York para comenzar a grabar, acompañado esta vez por The Hawks, su siguiente LP, *Blonde on Blonde*, que acabaría de registrar en mayo del año siguiente en los estudios que la discográfica tenía en Nashville (Tennessee), con músicos de estudio como el multiinstrumentista Charlie McCoy, en unas sesiones enloquecidas en las que los músicos tenían que esperar a que el autor acabase de escribir las letras de temas tan míticos como «Visions of Johanna», «Sad Eyed Lady of the Lowlands» o «Just Like a Woman». El 22 de noviembre de 1965 hace un alto en sus actuaciones y se casa en secreto con Sara Lownds, que por aquel entonces estaba embarazada de su primer hijo, Jesse. A la boda parece ser que sólo asistieron Grossman y su mujer Sally, que era amiga de Sara y también la chica que salía en la portada de *Bringing It All Back Home*. La ceremonia se celebró bajo un roble próximo a los juzgados de Nassau County, en Long Island. La noticia la reveló el *New York Post* en febrero del año siguiente, aunque fiel a su espíritu distorsionador, Bob afirmaría más tarde que tal boda nunca se había celebrado. Casi sin tiempo para celebraciones, Dylan inicia en diciembre una nueva gira, que recorrerá los Estados Unidos y Canadá hasta el mes de marzo del año siguiente. El público es cada vez más receptivo y algunos conciertos, como los celebrados en California, se convierten en éxitos clamorosos. En enero de 1966 Grossman y Dylan crean Dwarf Music, una empresa editorial para las canciones de Bob, que será fuente de graves disensiones en el futuro. Groosman se queda con el cincuenta por ciento de los beneficios que produzcan las canciones, algo que el artista dijo años más tarde que no había entendido así y que creía que la editorial era sólo suya. En ese momento el cantante ha vendido ya más de diez millones de discos. Ese invierno, entre concierto y concierto, Bob tiene tiempo para conocer a Andy Warhol en su estudio, The Factory. El rey del pop art le regaló una de sus famosas serigrafías de Elvis Presley. El 5 de febrero inicia una nueva gira por los Estados Unidos, que en abril se prolonga por Australia, donde recibe la noticia del suicidio de su amigo Paul Clayton, sólo unos días antes de que Dick Fariña muera en accidente de moto. Estos dos sucesos, unidos al suicidio de Peter La Farge seis meses antes, sume a Bob en un estado de depresión y paranoia.

El 16 de mayo de 1966 se publica finalmente *Blonde on Blonde*, considerado uno de los mejores discos de su historia particular y de la del rock en general. En menos de un año el cantautor folk se ha convertido en una rutilante estrella del universo pop y su creatividad traspasa fronteras a velocidad de vértigo. Pero la popularidad tiene un lado oscuro y Dylan comienza a pagar el peaje de la inseguridad y la incomprensión. Justo por esos días se encuentra de gira por Inglaterra y el descontento del público por su reconversión eléctrica se hace cada vez más patente, incluso más agresivo, produciéndose episodios de alta tensión, como el del 16 de mayo, justo el día del lanzamiento del disco, en Sheffield, donde estuvo punto de cancelarse el concierto previsto en el Gaumont Theatre a causa de una amenaza de bomba. Al día siguiente, en el concierto del Free Trade Hall de Manchester se produce el famoso episodio del espectador que le gritó «Judas!» y que provocó una airada respuesta musical del cantante interpretando a todo volumen «Like a Rolling Stone». Sólo tres días después, en Glasgow, Grossman, el mánager de Dylan, descubrió y redujo a un individuo disfrazado de camarero y armado con un cuchillo que pretendía introducirse en la habitación del hotel de Dylan antes del concierto previsto en el Odeon Theatre. Al final, un Dylan estresado y crispado decidió pasar una vacaciones en España acompañado por su mujer, antes de regresar a Hi Lo Ha, su domicilio de Woodstock, para sumergirse en un nuevo proyecto: la edición de *Eat The Document*, el documental grabado durante la gira.

Pero su representante tiene otro planes y quiere mandarlo de nueva a la carretera para realizar una gira con más de sesenta conciertos. Dylan se muestra reticente, el montaje de la película que ha hecho Pennebaker con ayuda de Bob Neuwirth no le convence y decide ponerse personalmente manos a la obra con el apoyo de Howard Alk, uno de los creadores del cine documental musical. Pero el trabajo no avanza y además Bob destruye algunas cintas, lo que causa el descontento de Pennebaker: por si la presión fuese poca, el cantante comienza a recibir mensajes del editor McMillan, que le apremia a publicar su libro *Tarántula*.

La mañana del 29 de julio de 1966, tras abandonar la casa del mánager Albert Grossman, Bob monta en su Triumph Tiger100 de quinientos centímetros cúbicos, para llevarla al taller seguido por el coche de su esposa. Aunque el sitio exacto del accidente nunca ha sido del todo aclarado, Dylan manifestó que había perdido el control de su máquina en Striebel Road, cerca de Woodstock. Las distintas versiones proporcionadas por el cantante y sus amigos más próximos han mantenido hasta hoy la incógnita sobre la verdadera causa del accidente. Una mancha de aceite en la carretera, un reflejo cegador del sol o un momentáneo despiste del piloto, que solía circular sin casco y frenó inopinadamente, fueron apuntados como causas del siniestro. Fue la propia Sara quien lo llevó al Middletown Hospital, donde ingresó con varias vértebras fracturadas y una conmoción cerebral leve.

En los días siguientes al accidente, los rumores se disparan (desde que se había quedado paralítico, hasta que las heridas le habían destrozado el rostro) y se elaboran teorías como la de que todo ha sido un montaje para justificar una retirada temporal a causa de una presunta sequía creativa, o la más conspiranoica, que habla de un sabotaje de la moto realizado nada menos que por la CIA a causa de sus simpatías izquierdistas. Algunos medios incluso difundieron que Dylan había muerto y compararon su accidente con el de James Dean. El morbo, la curiosidad y la devoción mitómana convierten su domicilo en un centro de peregrinación, para disgusto de un Dylan cada día más crispado, como reconoce al recordar aquellos días en su autobiografía: «Hatajos de haraganes peregrinaban desde California. Tontos del culo irrumpían en casa a cualquier hora de la noche». Además, justo por aquellos días expira su contrato con la CBS y Bob comienza a sentir que la presión le supera. De entrada anula el inminente concierto en el Yale Bowl, en New Haven (Connecticut), y también la gira que Grossman había montado para su disgusto. Pero en una decisión inesperada, Bob decide además dar una de sus espectaculares vueltas de tuerca y retirarse completamente del *show business*, una decisión en la que pesa también su disgusto con un negocio que le reporta grandes beneficios pero también grandes sinsabores: aquel mes de agosto, mientras se recupera de sus heridas, el single de «Just Like a Woman» llega a lo alto de las listas de éxito, con ventas importantes en los Estados Unidos, pero en Inglaterra se edita porque The Manfred Man se han adelantado publicando una versión sólo unas semanas antes.

Bob se refugia en su familia y se encierra a cal y canto en su casa. En febrero de 1967 invita a Rick Danko y Richard Manuel, integrantes de The Hawks, a que le visiten en Hi Lo Ha para comentarles un nuevo proyecto que le ronda por la cabeza. El resto del grupo, sin trabajo tras el accidente del líder, se alojan en un hotel de Woodstock. Bob lleva una ordenada vida familiar y para tratar de acomodarse a su ritmo, y por cuestiones económicas, los miembros de The Hawks acaban alquilando una casa en la zona que recibe el nombre de *Big Pink* por el color con el que está pintado el edificio. Allí se reúnen con Bob, que a lo largo de 1967 compone y graba junto a la banda más de treinta canciones, que acabarán siendo conocidas como 'las cintas del sótano' por el lugar donde permanecerán guardas y prácticamente olvidadas durante años. Viven una apacible vida creativa en medio del campo que Dylan abandona en contadas ocasiones, como durante el mes de mayo, cuando acude al estreno del documental *Don't Look Back*, del que abomina tanto en público como en privado. En verano vuelven los conflictos a cuenta de la renovación con la discográfica CBS. Grossman pretende que fiche por MGM Records, la discográfica de los famosos estudios cinematográficos, que ofrece un millón y medio de dólares, el triple que Columbia, que aumenta su oferta en un siete por ciento en una negociación en la que participan el abogado de Dylan y de Grossman, David Braun, el productor Allen Klein, conocido como el 'tiburón' del negocio musical (que se encargó de los negocios de The Beatles y The Rolling Stones, entre otros) y el vicepresidente de CBS, Clive Davis, que será quien se lleve el gato al agua. La noticia de que Dylan sigue con la compañía con la que grabó su primer disco se da a conocer a finales de agosto y a principios de septiembre abandona su retiro de Woodstock para grabar un nuevo disco en Nashville (Tennessee) *John Wesley Harding*, el nombre de un famoso forajido del oeste. El disco fue grabado en un tiempo récord, tres sesiones, acompañado por sólo tres músicos: Charlie McCoy en el bajo, Pete Drake en la *steel guitar* y Kanny Buttrey a la batería, todos dirigidos por el productor Bob Johnston. Con un sonido evidentemente country, el LP llega al número dos de las listas del *Billboard* y acaba figurando en el puesto 301 de los 500 mejores álbumes de todos los tiempos, según la revista *Rolling Stone*.

En 3 de octubre, Bob recibe la noticia de la muerte de Woody Guthrie. El 'viejo' maestro tenía 55 años y había pasado más de una década sufriendo una enfermedad degenerativa. El mazazo para el cantante de Minnesota es brutal y decide salir de su aislamiento para dar su último adiós al hombre que más había influido en sus orígenes musicales. El 20 de enero de 1968 se produce la reaparición pública de Dylan en el concierto de homenaje a Woody Guthrie, que se celebra en el Carnegie Hall de Nueva York y al que asiste toda la vieja guardia del Village: Pete Seeger, Odetta, Judit Collins, Ramblin' Jack Elliot, Arlo Gutrhie y Tom Paxton. Bob toca acompañado por The Hawks e incluso asiste a la fiesta posterior al concierto, aunque mantiene una actitud distante con su mánager Albert Grossman, con quien ya mantiene una relación tirante por su decisión de no hacer giras ni conciertos públicos.

En aquellos días de invierno comienza a acercarse a la pintura de la mano de un vecino, Bruce Dorfman, pintor profesional cuya hija era amiga de María, la hija del cantante. Ambos fraguan una buena amistad y Bob aprende los primeros rudimentos con los pinceles, aunque hacía años que dibujaba de forma autodidacta. En la primavera tiene su primer contacto con el rabino Meir Kahane, fundador del movimiento Jewish Defense League, un grupo judío radical considerado como una organización terrorista por varias organizaciones de defensa de los derechos humanos en los Estados Unidos, tal y como se recoge en la biografía publicada en 2005 por Jordi Serra i Fabra y Jordi Bianciotto. Este contacto pudo ser el germen del reencuentro de Dylan con el Zimmerman que nunca había dejado de ser y el inicio de un acercamiento a la cultura hebrea que a principios de los años setenta le acarrearía graves acusaciones de connivencia con la causa sionista.

En pleno proceso de reencuentro con sus raíces, el 5 de junio fallece su padre, con el que siempre había mantenido una relación difícil pero respetuosa, y del que se había distanciado hacía años. Bob hace un viaje relámpago a Hibbing para asistir al funeral y al entierro, que se celebra en Duluth. De regreso a su casa en Woodstock se lleva a su madre con él. Un mes después bautiza a su tercer hijo como Samuel Isaac Abraham, el primero que llevará un nombre judío. El resto del año sigue sumergido en su rutina diaria e intentando sin éxito cambiar el nombre de Dwarf Music, la compañía que tiene a medias con Grossman, lo que supone el inicio de su proceso de ruptura con el mánager.

En febrero de 1969 se marcha a Nashville para grabar *Nashville Skyline*, que será su noveno álbum de estudio y que supondrá una inmersión en la música country en la que le acompañará su viejo amigo Johnny Cash, que interviene en algunos temas como «Matchbox», «Big River», versiones de canciones clásicas, o «Girl from the North Country», ésta última incluida finalmente en el disco. Dylan recupera un poco su alicaído ánimo y colabora en el documental *Johnny Cash, The Man and His Music*.

Durante su estancia en la capital del country, Bob tiene la oportunidad de conocer a uno de sus antiguos ídolos, el irreductible rockero Jerry Lee Lewis, que graba en los mismo estudios de Columbia. Cuando el productor Bob Johnston los presenta, Jerry no sólo se muestra seco, sino que a una amable y genérica propuesta de colaboración del de Minnesota, contesta con un rotundo No, o sea, 'The Killer' en estado puro. En cualquier caso, el éxito del álbum grabado en Nashville, que se convierte en disco de oro, acaba de animar a Dylan y ese verano se traslada de nuevo a Nueva York, a la calle McDougal, donde había vivido en sus primeros días en la Gran Manzana. También por esos días recibe las primeras llamadas para que participe en el Festival de Woodstock, que se organiza muy cerca de su casa, pero a pesar de que comienza a realizar algunos conciertos esporádicos, como el del Mississippi River Festival, en el mes de julio en Illinois, Bob da calabazas a Woodstock y firma con el Festival de la Isla de Wight, donde actúa el 31 de agosto, en una mítica reaparición pública ante más de doscientos mil espectadores, entre los que se encuentran casi todos los integrantes de The Beatles y The Rolling Stones. Cuando regresa a los Estado Unidos, su esposa Sara está a punto de dar a luz. A finales de año, poco antes de que nazca su hijo Jakob, la revista *Rolling Stone* publica una entrevista en la que el cantante se muestra frívolo y materialista, lo que provoca el enésimo desencanto de sus seguidores. En diciembre nace Jakob.

Bob Dylan junto a Johnny Cash, que interviene en
algunos temas del disco *Nashville Skyline*.

Los primeros seis meses de 1970 los pasa trabajando en el estudio, primero en un disco doble de veinte canciones que nunca verá la luz, y después en un LP que se llamará *Self Portrait*. En paralelo se dedica a instalarse en la nueva casa que se había comprado a finales del año anterior en su viejo barrio, el Greenwich Village neoyorquino. La casa se encuentra en el número 94 de la calle Mac Dougal, un edifico de dos pisos que será el escenario de una nueva y difícil etapa en la vida del artista. Del campo pasa directamente al agitado corazón de Nueva York, con unas consecuencias imprevisibles. El alejamiento de Grossman, su representante, que sigue viviendo en las proximidades de Woodstock, no es sólo físico. El contrato entre ambos ha vencido, aunque Grossman sigue cobrando el cincuenta por ciento de los beneficios generados por las canciones de Dylan, y según el acuerdo de disolución el artista no puede vender nada del catálogo de Dwarf Music sin el consentimiento del mánager, quien además se garantiza el cincuenta por ciento de las canciones registradas en la nueva compañía, Big Sky Music.

En junio de 1970 edita el décimo álbum de estudio y el segundo doble de su carrera, *Self Portrait*, un pastiche que incluye versiones de otros artistas, temas instrumentales y canciones interpretadas en el concierto de la Isla de Wight, y que es destrozado sin piedad por la crítica. Contra todo pronóstico, el disco se convierte en un éxito absoluto de ventas y es disco de oro casi al mismo tiempo que Dylan es nombrado Doctor Honoris Causa por la Universidad de Princeton (Nueva Jersey), en una ceremonia en la que se produjo un curioso incidente cuando un enjambre de langostas se posó en unos matorrales próximos produciendo un ruido ensordecedor que inspiró una canción a Dylan: «Day of the Locusts» incluida en su siguiente disco. El 17 de julio se rompe definitivamente su relación contractual con Albert Grossman; la personal estaba rota desde hacia mucho tiempo. Dylan llevará las rienda de su negocio, asesorado por un equipo encabezado por David Braun, que acabaría convirtiéndose en abogado de Michael Jackson, George Harrison o The Doors, entre otros muchos.

Pasa el verano grabando un nuevo LP, *New Morning*, que será editado el 21 de octubre con buenas críticas y mejores ventas: disco de oro, número uno en Gran Bretaña y siete en los Estados Unidos. El disco contiene desde temas country como «If Not for You», a baladas como «Went to See the Gypsy», que según algunos autores está inspirada en su encuentro con Elvis Presley, un encuentro nunca certificado. Durante el otoño Dylan comienza a sufrir el delirante acoso de uno de sus fans, Alan Jules Weberman, una fanático enloquecido que pretendía, nada más y nada menos, que salvarle de sí mismo, ya que creía que había abandonado sus valores originales y había dejado de ser el líder de masas que estaba destinado a ser. Weberman se había obsesionado con Dylan a principios de los sesenta, cuando era un estudiante de la Universidad de Michigan, consumidor casi compulsivo de LSD, que acabó desarrollando una ciencia personal, la *dylanología*. Tras pasar un tiempo en prisión por tráfico de drogas, a finales de los sesenta se instaló en Nueva York, sobreviviendo como podía, lo que incluía la venta de ejemplares piratas de *Tarántula*, el libro de Bob que el autor había decidido publicar oficialmente unos mese antes, harto de que todo el mundo hiciera copias pirata. En su delirio, Weberman inventa una ciencia llamada *garbology*, que consiste básicamente en hurgar permanentemente en la basura del cantante para obtener pruebas de su 'desviación política', de su adición a la heroína y de su colaboración con el gobierno israelí en la guerra contra los árabes. Incluso llegó a conseguir una delirante entrevista personal con el cantante y la acabó publicando en la revista *Rolling Stone*, lo que disparó todavía más su obsesión. El acoso llegó a niveles insoportables el 23 de mayo de 1971, cuando Weberman convocó una manifestación ante la casa de Dylan. Sin embargo el artista no se encontraba en casa. Estaba de viaje por Israel, conociendo *kibutzs*, acudiendo al Muro de las Lamentaciones y profundizando en su reencuentro con sus raíces judías, justo en los días finales de la llamada Guerra de Gesgaste entre árabes e israelíes, lo que provoca una agria polémica sobre su supuesta militancia sionista.

A.J. Weberman creó una una ciencia llamada *garbology*, que consiste en hurgar en la basura de los famosos para obtener información confidencial sobre ellos.

El día 1 de agosto participa en el Madison Square Garden de Nueva York en el *Concierto para Bangladesh* organizado por George Harrison para recaudar fondos con destino a aquel país, cuyo LP resultante llegará a ser número uno en todo el planeta. Dos meses después se edita «George Jackson» un tema de denuncia sobre la muerte en prisión de un líder de los Panteras Negras, lo que le devuelve momentáneamente la aureola de defensor de los derechos humanos y consigue que Weberman le deje por fin en paz. Dylan cierra el año colaborando con su amigo Allen Ginsberg en un proyecto del poeta llamado *Holy Soul Jelly Roll*, que combina música y versos recitados y que no verá la luz hasta muchos años después.

Dylan pasa los primeros meses de 1972 negociando con la *CBS*, colaborando en discos de viejos amigos como el músico de *tex-mex* Doug Sham y asistiendo a conciertos de artistas como Elvis Presley o The Grateful Dead, con quienes traba una buena amistad, además de disfrutar con su familia en el Mariposa Folk Festival, un festival infantil celebrado en Orillia (Canadá).

En noviembre de 1972, Bob se entrevista con Sam Peckinpah y Kris Kristofferson, que tratan de convencerlo para que se encargue de la banda sonora de su película, *Pat Garret & Billy The Kid*. Al final Dylan no sólo escribe la música sino que interpretará un papel en el famoso film. A mediados de noviembre, Bob y Sara se marchan a Durango (México), donde se rodará el *western*. Andan buscando tranquilidad después de sus líos en Nueva York, pero el ambiente del rodaje, dirigido por un alcoholizado Peckinpah, resulta ser demasiado para Sara, que acaba regresando a casa. Tras muchos avatares, Dylan acaba la banda sonora en California durante el mes de enero de 1973, un año que comienza con una grave crisis en sus relaciones con la discográfica CBS, con una pugna por los derechos del álbum *Pat Garret & The Billy The Kid* con victoria de la discográfica. Mientras, Bob colabora en proyectos ajenos como el primer LP de Barry Goldberg, el teclista de la banda con la que actuó en su famosa aparición electrificada de Newport, o el disco *Chronicles* de Booker T. & Priscilla.

A principios del verano, mientras las relaciones con la CBS se encuentran en su peor momento, David Geffen lo ficha para su discográfica, Asylum Records, lo que supone un enorme éxito publicitario para la compañía, que trata de garantizar la libertad de acción del cantante de Minnesota mediante un contrato que no especifica un tiempo concreto, sino una renovación a cada nuevo disco. Con un nuevo espíritu, Dylan planea una gira y se reúne con The Band para prepararla en su nueva casa de California. En octubre sale al mercado «Knocking on Heaven's Door», el single de *Pat Garret & Billy The Kid*, que se convierte en un éxito inmediato y que vuelve a serlo a mediados de julio cuando sale a la venta el LP, que alcanza el puesto decimotercero de las listas de éxitos. La coincidencia del disco y las apariciones públicas de Dylan con el recrudecimiento del conflicto árabe-israelí durante la llamada Guerra del Yom Kipur, vuelven a desatar los rumores de apoyo de Dylan a la causa sionista.

A principios de noviembre, en Santa Mónica, graba con The Band el álbum *Planet Waves* en menos de dos semanas. En ese mismo mes de noviembre CBS edita *Dylan*, un LP con nueve canciones sobrantes de otras sesiones de grabación y con un resultado muy mediocre para desesperación del artista, que se siente traicionado y humillado.

El 2 de diciembre de 1973 se produce el anuncio oficial del inminente regreso de Bob a los escenarios. Mientras tanto Sara se centra en los trabajos de construcción y decoración de la nueva casa que se han comprado en Point Dume, cerca de Malibú, después de haber vendido la de Woodstock, lo que marcará el final de una época. Medio centenar de artesanos hippies se instalan en los alrededores durante más de dos años y se encargan de darle un aspecto entre delirante y exótico al edificio proyectado por el arquitecto David C. Towbin, experto en diseñar casas para famosos en la dorada California. Todo aquello supone una fuente de discrepancias para el matrimonio, que comienza a sufrir crisis continuadas.

El retorno
(1974 – 1978)
Un circo llamado Rolling Thunder Revue

El 3 de enero de 1974, Dylan regresa por fin a la carretera con su primera gira después de ocho años. En el Chicago Stadium, más de 18.000 personas asisten al primero de los cuarenta conciertos con los que recorrerá los Estados Unidos acompañado de The Band, los antiguos The Hawks. El concierto de apertura marca una diferencia respecto a lo que había hecho en sus anteriores tours: Bob interpreta sus temas acompañado por la banda, actúa en solitario y cede el escenario a The Band para que hagan su propio show. A pesar de que en un principio se incluyen varios temas del último disco, *Planet Waves*, la gira adquiere cada vez un tinte más nostálgico y el cantante de Minnesota recupera el repertorio de sus primeros tiempos, que acabará recopilado en *Before the Flood*, el primer álbum en directo de Dylan.

Los acontecimientos históricos contribuyen también a realzar ese sentimiento de nostalgia que pretende el Dylan contestatario y militante de los primeros años. El escándalo del *Watergate* llega a sus cotas más altas con la negativa de Nixon a entregar a los investigadores las cintas grabadas con conversaciones que le implicaban en el caso de espionaje en la sede del Partido Demócrata y el público reacciona alborozado cuando escuchaba a Bob cantar: «La bondad se esconde bajo la puerta / Y hasta el presidente de los Estados Unidos / Debe desnudarse a veces», una estrofa de la canción más popular de toda la gira, «It's Alright Ma (I'm Only Bleeding)», una canción escrita diez años antes pero que el público relacionaba directamente con el cerco al inquilino de la Casa Blanca y que, según la biografía de Howard Hunes, inauguró la moda de encendido de mecheros durante los conciertos de rock.

El público estaba ansioso por recuperar a Dylan y su reaparición sobre los escenarios fue altamente lucrativa. El promotor Bill Graham afirmaba haber recibido doce millones de solicitudes de entradas para una gira en la que sólo había medio millón de localidades disponibles, a nueve dólares y medio cada una. Como había sucedido en su día con Suze Rotolo, el éxito regresó justo cuando su relación sentimental con su esposa Sara Lownds comenzaba a naufragar. Ella asistió a los últimos conciertos de la gira y él la obsequió con la interpretación de su tema favorito «Mr. Tambourine Man» en Inglewood (California) donde finalizó el tour. Pero la distancia entre ambos fue aumentando hasta la ruptura definitiva, que todavía tardó tres años en llegar.

En marzo retoma los contactos con la CBS a través de su abogado para tratar de regresar a la discográfica de sus orígenes, decepcionado de su experiencia en Elektra-Asylum. Dos meses después se edita su último álbum con Elektra, *Before the Flood*, un disco que recibió muy buenas críticas, pero que nunca acabó de gustarle a su autor, que otros dos meses más tarde -en agosto de 1974- regresó a CBS, hecho que ésta publicitó como una especie de retorno del hijo pródigo.

Por esa época Bob ha vuelto poco a poco a la vida bohemia, bebe, fuma marihuana y hace nuevas amistades como Norman Raeben, un veterano

pintor que, aparte de darle clases de arte, se convierte en una especie de
gurú intelectual que marca un nuevo espíritu en sus composiciones musicales. También por entonces se disparan los rumores sobre la crisis matrimonial de Dylan y se le atribuyen varios romances, con Ellen Berns-
tein, una ejecutiva de CBS, con Lorey Kaye, la ex de John B. Sebastian,
el líder de Lovin' Spoonful, o con la actriz Ruth Tyrangiel, que acabó
denunciándole en 1995 para reclamarle, sin éxito, una pensión, afirmando que el cantante la había engañado prometiéndole matrimonio durante una relación de varios años en la que ella había sido desde enfermera a
consejera y, por supuesto, amante.

Sara Lownds y Dylan comenzaron una relación sentimental a finales de 1964.

Ese verano Bob lo pasó casi íntegramente con su hermano y su familia
en un rancho que ambos poseían en Minnesota, lejos de Sara y dedicado
a componer su próximo trabajo, *Blood on the Tracks*, un disco plagado de
canciones relacionadas con los vaivenes amoroso. En septiembre entra
en el estudio acompañado por la banda de Eric Weissberg, el autor del
famoso tema «Dueling Banjos» de la película *Deliverance*. Sin embargo
Bob no acabó satisfecho, el disco se regrabó en Nueva York y cobró
forma definitivamente en Minneapolis, con músicos reclutados por su
hermano David. Cuando el disco salió al mercado en febrero del año
siguiente, se convirtió en número uno en menos de tres semanas y la
revista *Rolling Stone* lo situó en el número dieciséis de los mejores quinientos álbumes de todos los tiempos.

El 23 de marzo de 1975 participa en el primer festival benéfico organizado por el promotor Bill Graham en el Kezar Stadium de San Francisco, para recaudar fondos con destino a las escuelas de la zona, en el que participaron también miembros de Grateful Dead, The Band, Neil Young, Joan Baez y Carlos Santana, entre otros. Sara asistió al concierto, quizá en un intento de reconstruir la relación matrimonial, pero el 24 de mayo Bob celebró su trigesimocuarto cumpleaños en Francia, en compañía de su amigo el pintor David Oppenheim y sin Sara. A su regreso se instala de nuevo en el Village neoyorquino, mientras su familia permanece en Point Dume. Bob regresa a la vida nocturna y frecuenta los clubs, especialmente el Other End, hoy conocido como Bitter End, donde coincide con una nueva generación de músicos como Tom Verlaine, futuro líder de Television, o Patti Smith, con la que se hizo unas fotos que salieron publicadas en el *Village Voice*, para fortuna y promoción de Patti y desazón de su esposa Sara, suponemos. Allí también se reencontró con viejos amigos como Ramblin' Jack Elliot, Bobby Neuwirth, John Prine o el letrista Jacques Levy, con quien inició una estrecha colaboración que produjo canciones como «Hurricane», «Catfish» o «Black Diamond Bay», entre otras, todas ellas incluidas en el álbum *Desire*. Levy y el Other End también se sitúan en el origen de la *Rolling Thunder Revue*. Mientras Dylan va conociendo músicos de las formas más extravagantes, como en el caso de la violinista Scarlet Rivera, a quien abordó desde su coche cuando ella caminaba por la calle y la reclutó para su futuro proyecto, sigue tocando ocasionalmente con antiguos camaradas como Muddy Waters o Ramblin' Jack o con nuevos amigos como Mick Ronson, ex guitarrista de David Bowie, o la propia Patti Smith, con quien interpreta algunos temas en el First Annual Village Folk Festival, un invento de Paul Colby, el dueño del Other End y del Bitter End para promocionar el renacimiento del Greenwich Village.

En paralelo a esta frenética actividad, el 26 de junio sale al mercado *The Basement Tapes*, un disco que recogía los temas grabados por Dylan y The Hawks en Big Pink, el chalet de Woodstock donde vivían varios músicos de la banda en 1967. Esas grabaciones inéditas son conocidas como 'Las cintas del sótano', por el lugar donde estuvieron guardadas durante más de cinco años, nombre que aprovechó la discográfica para dar título a un álbum al que Bob Dylan no prestó demasiado interés en aquel momento, inmerso como estaba en la grabación de un nuevo disco, *Desire*, y en los preparativos de un nuevo proyecto, una gira concebida como un

espectáculo itinerante por pequeñas ciudades, con una *troupe* de músicos
y artistas de distintas disciplinas. El disco se grabó durante el verano con
las canciones que había compuesto junto a Jacques Levy. Las sesiones de
grabación fueron una especie de *performance*, con muchas drogas, mucha
gente yendo y viniendo, como Eric Clapton o los diez integrantes de la
banda británica Kokomo, y mucha improvisación, cosa que no funcionó.
Al final el disco se acabó en dos sesiones en las que participaron el propio
Bob a la guitarra, Scarlet Rivera tocando el violín, Rob Stoner al bajo,
Howie Wyeth en la batería, Emmylou Harris a los coros y Sheena Sei-
denberg apoyando en la percusión. El punto final lo puso el 31 de julio la
grabación del tema «Sara» dedicado a la mujer de Bob, que aquella tarde
se había presentado en el estudio y asistió a una emotiva sesión en la que
el cantante se volcó en una interpretación dirigida personalmente a su
esposa que sirvió para que la pareja se reconciliase.

Bob Dylan junto a Patti Smith, con quien interpretaría
algunos temas en el First Annual Village Folk Festival.

Tras dedicar el mes de septiembre a participar en un programa de televisión de homenaje al productor John Hammond, asistir a la fiesta de
cumpleaños de Mike Porco, el dueño del Gerder's (el club donde se había dado a conocer en sus primeros días en Nueva York) y convencer
a viejos y nuevos amigos para que se unan a su nuevo proyecto de es-

pectáculo ambulante, el 30 de octubre de 1975 comienza la gira *Rolling Thunder Revue* con un concierto en el War Memorial Auditorium de Plymouth (Massachusetts), un pequeño teatro con menos de dos mil localidades, que aquella noche entró de golpe en la historia de la música. Desde el primer momento, la gira se convirtió en una especie de descontrolado circo ambulante, en la que el consumo de alcohol y drogas como la marihuana y la cocaína era algo absolutamente cotidiano, normal y con propósito creativo.

Todo, desde los vehículos del equipo y las caravanas de los músicos, hasta el decorado y la puesta en escena, tenía un aire que recordaba los viejos *minstrels*, los espectáculos itinerantes de vodevil de principios de siglo, y los músicos adoptaba un aspecto que les aproximaban a los gitanos zíngaros y los comediantes antiguos: desde la cara pintada de blanco de Bob a la máscara y el sombrero de Neuwirth en su papel de Tortilla Enmascarada, toda la imaginería carnavalesca estaba al servicio del espectáculo y de la película que Dylan quería rodar durante la gira, *Renaldo & Clara*, que dirigiría el propio cantante con ayuda del dramaturgo Sam Shepard, al que contrató como guionista, pero al que no hizo prácticamente caso. Los temas que interpretaban eran una mezcla de viejas canciones del repertorio de Dylan y los nuevos temas del disco *Desire*, que todavía no había sido publicado, mezclados con recortes de poesía, monólogos e intervenciones improvisadas de un elenco al que se iba uniendo gente sobre la marcha. Además de viejos amigos como Joan Baez, Bob Neuwirth, Arlo Guthrie, o Ramblin' Jack Elliot, Bob se rodeó de un equipo variopinto en el que figuraban los músicos T-Bone Burnett, Roger McGuinn, Steven Holes, Mick Ronson, Scarlet Rivera, David Mansfield, Rob Stoner, Howie Wyeth, Arlen Roth, Joni Mitchell, Steven Soles, Kevin Crossley, Luther Rix y David Mansfield, cantantes y actrices como Ronee Blakley, Ruth Tyrangiel y Helena Kallianiotes, actores como Harry Dean Stanton, su viejo amigo el poeta *beatnik* Allen Ginsberg e incluso un periodista, Larry Sloman, de la *Rolling Stone*. A pesar del ambiente festivo, Bob no se mostraba precisamente afable. Día tras día comenzó a mostrarse más distante, recluido en su caravana y sin comunicarse apenas con el resto de la *troupe*. Inevitablemente, la gira fue un hervidero de pasiones encontradas, desacuerdos personales y celos artísticos y amorosos. Sara acompañaba a su marido en todo aquel circo, en el que la figura de su vieja amiga y amante Joan Baez no contribuía a la paz de la pareja, que además se veía perturbada por la presencia de

Ruth Tyrangiel, con quien se suponía que el músico mantenía un largo romance. También se le atribuían escarceos con la violinista Scarlet Rivera o la cantante Ronee Blakley y con algunas fans que se sumaban ocasionalmente a la gira.

En una de las etapas de la gira, el 13 de noviembre de 1975, cuando Dylan actuaba en New Haven (Connecticut), recibió la visita de un joven artista de 26 años llamado Bruce Springsteen, al que por aquellos días la compañía de ambos, Columbia, trataba de lanzar como el nuevo Dylan, aunque ya por aquellos días su álbum *Born To Run* vendía muchos más discos que ninguno de la estrella. El encuentro siempre fue recordado con cariño por el futuro 'Boss' y ambos artistas siempre han mantenido una relación cordial con memorables colaboraciones esporádicas.

Después de recorrer veintidós ciudades, la primera parte de la gira finalizó el 8 de diciembre en el Madison Square Garden de Nueva York, con un concierto a beneficio de Robin 'Hurricane' Carter, un boxeador afroamericano encarcelado en base a pruebas dudosas cuya canción de homenaje, «Hurricane», se había convertido en una de las más populares de la gira que se reanudó el 25 de enero, después de un paréntesis navideño, en el Astodrome de Houston, con un segundo homenaje a 'Hurricane' Carter en el que participaron Steve Wonder y Ringo Star, entre otros.

Rubin «Hurricane» Carter fue arrestado por un triple homicidio en su ciudad natal de Paterson, en Nueva Jersey, pero la condena fue anulada en 1985 por falta de pruebas.

Por esos días sale al mercado el álbum *Desire*, que se convierte inmediatamente en un número uno, tanto en los Estados Unidos como en Inglaterra y se acredita como disco de oro, mientras Dylan afronta una nueva maratón de conciertos en directo. Pero esta segunda parte de la Rolling Thunder Revue se desarrolló en un ambiente distinto.

El final del rodaje de la película *Renaldo & Clara* eliminó parte de las tensiones y el aspecto circense se atenúo considerablemente. Además algunos de los participantes, como Ramblin' Jack Elliot o Sam Shepard fueron excluidos y otros, como Joan Baez, estuvieron a punto de no repetir al no estar de acuerdo con las condiciones económicas. El público se mostraba remiso e incluso hubo que cancelar algunas actuaciones debido a la escasez de entradas vendidas, lo cual no contribuyó a mejorar el humor del cantante de Minnesota, que estaba acosado por los problemas personales debido al paulatino deterioro de su matrimonio con Sara, con la que mantenía amargas discusiones en público mientras Bob seguía con sus flirteos. A pesar de todo logró celebrar conciertos arrolladores como el del día de su cumpleaños, el 24 de mayo, en el Hughes Stadium de la Universidad de Colorado, ante su madre, su mujer y sus hijos. La gira concluyó dos días después en Salt Lake City, tras recorrer veintitrés ciudades en cinco meses.

Dylan regresa con su familia a su casa de California, donde pasa todo el verano y parte del otoño, viendo como *Hard Rain*, el disco grabado durante la gira, se convierte en disco de oro, antes de regresar a los escenarios el 25 de noviembre para participar en el concierto de despedida de The Band, en el Winterland Ballroom, de San Francisco, junto a un importante elenco de estrellas de la música, un espectáculo que ha pasado a la historia como *The Last Waltz*, el título que la película que Martin Scorsese realizó sobre dicho evento.

El año 1976 lo acabó en su casa, revisando el material grabado durante la gira para la película *Renaldo & Clara* y tratando de poner en orden su vida personal. Pero en Malibú volvió a padecer el acoso de los fans, lo que provocó problemas con los vecinos, mientras su matrimonio seguía haciendo aguas. 1977 tampoco comienza con buenas noticias. Los tribunales revisan el caso de 'Hurricane' Carter, que es condenado de nuevo a cadena perpetua y Penny Valentine, mencionado por Bob en la segunda estrofa de la canción, presenta una demanda por difamación contra éste y la discográfica CBS. En marzo comienzan los trámites del divorcio de su matrimonio con Sara, una larga y desagradable batalla legal que concluirá en el mes de junio. Sara contrató a Marvin M. Mitchelson, un famoso abogado experto en estas lides, alegó maltratos físicos y reclamó la custodia de sus cinco hijos y la mitad de su fortuna, ya que consideraba que la había obtenido gracias a ella. Durante esos días, Dylan estableció una relación amorosa con Faridi McFree, una mujer que Sara había contratado para que le ayudase a cuidar de su hijos, lo que contribuyó a complicar bastante las cosas. La sentencia del tribunal no estimó probada la circunstancia de malos tratos, pero concedió a Sara seis millones de dólares en efectivo, la mitad del patrimonio familiar, incluida la casa de Malibú, y la mitad de los ingresos por derechos de autor generados por las canciones compuestas durante los años de convivencia matrimonial. Al final llegaron a un acuerdo por el que Bob se quedaba con la mansión familiar a cambio de una compensación de treinta y seis millones de dólares. La custodia de los hijos no se resolvió hasta dos años después y el juez falló a favor de la madre. Durante los trámites legales del divorcio Bob se zambulló en una huida hacia adelante, con continuas juergas y amoríos, alternada con fases depresivas, mientras intentaba sacar adelante el montaje de la película *Renaldo & Clara*.

El 16 de agosto, al enterarse del fallecimiento de Elvis Presley, a quien consideraba una de sus principales referencias artísticas, Bob sufrió una crisis que agravó aún más su estado de ánimo. Entre las peleas con Sara por la custodia de los niños, que permanecía sin ser aclarada, sus vaivenes en la relación con Faridi McFree y el cambio de representante -puesto para el que acabaría contratando a Jerry Weintraub, mánager también de Frank Sinatra, John Denver y Neil Diamond- el cantante cierra uno de los peores años de su carrera, aunque 1978 no comienza tampoco de forma muy halagüeña, ya que el estreno de *Renaldo & Clara*, el 25 de enero, se convierte en un fracaso. Afortunadamente su reciente acuerdo con la empresa de Jerry Weintraub, Management III, le permite embarcarse en una gira mundial de ciento catorce conciertos, que comenzó en Japón y que le llevó por Extremo Oriente, Europa y Estados Unidos. Los nuevos promotores envuelven la gira en lujo y glamour, lejos de los experimentos psicodélicos y circenses de la *Rolling Thunder Revue*, y le proporcionan unas ganancias millonarias que le permiten hacer frente a los gastos del divorcio y la ruina de su última película.

En el aspecto artístico Bob se ve abocado a un estilo de gran espectáculo musical al que no estaba acostumbrado, en el que la puesta en escena pesa casi tanto como la calidad musical, y en el aspecto personal vuelven a resurgir los líos de faldas con distintas cantantes del grupo, como Helena Springs, Mary Alice Artes, Debbie Gibson o Carolyn Dennys, con quien se acabaría casando en 1986. La primera parte de la gira finaliza el 1 de abril y Dylan se enfrasca en la grabación de un nuevo LP, *Street Legal*, que había escrito durante los tormentosos días de su divorcio y la relación con Faridi McFree y cuyas canciones hacían referencias a las turbulencias sentimentales y los fracasos amorosos, camuflados con referencias esotéricas. Los problemas de grabación y las deficiencias del estudio que improvisó en su local de ensayo de Santa Mónica, convirtieron el disco en un desastre, con críticas negativas y discretos resultados comerciales, pero se acabó salvando en buena medida gracias a la segunda parte de su gira internacional, que comenzó en Londres con un concierto ante cien mil personas al que acudieron numerosos famosos y personajes de la casa real británica. En la capital del Reino Unido también tuvo oportunidad de conocer a los protagonistas de la nueva corriente musical en boga, el punk, concretamente a los miembros de The Clash y a Sid Vicious, de los Sex Pistols, quien intentó agredirlo con un cuchillo sin que haya trascendido la razón, algo que afortunadamente no pasó de la anécdota. La gira siguió por varios países europeos y finalizó el 16 de diciembre en Miami, donde introdujo un tema nuevo, «Do Right to Me Baby (Do Unto Others)», directamente inspirado en la Biblia y que anunciaba su reconversión tras ocho meses de conciertos y en medio de un clima de agotamiento por parte de los integrantes de la banda y con la relación entre Bob y Carolyn Dennis como principal tema de conversación entre sus componentes. En Navidad el grupo se disolvió y Dylan decidió dar un nuevo giro a su vida y a su carrera.

Los ochenta y los vaivenes religiosos
(1979 – 1988)
Pasiones, odios y distorsiones de imagen

En enero de 1979 crea su propio sello discográfico, *Accomplice Records*, dispuesto a abrir una nueva etapa de su carrera, pero los planes de renovación pasan más por el terreno espiritual. Dylan venía de una turbulenta época de fracasos sentimentales y se sentía solo y desorientado. Algunos de los miembros de la banda que le había acompañado en la gira del año anterior, como Steven Soles o David Mansfield, eran conversos al cristianismo y en los últimos ensayos ya habían tocado un nuevo tema de Bob, «Slow Train», de contenido espiritual. Mary Alice Artes, que formaban parte del coro, pertenecía a la Comunidad de la Viña, un grupo religioso californiano en el que introdujo a Bob a principios de 1979. La congregación era bastante estricta en las restricciones del alcohol y las drogas y la vida del cantante cambió radicalmente y se convirtió en un cristiano renacido para consternación de su familia, todos judíos practicantes, e incluso de sus propios hijos, criados también en la religión hebrea. El asunto acabó saltando a la prensa y el acoso regresó. Todo el mundo tenía una opinión sobre la 'herejía' del cantante, su 'oportunismo comercial' o su 'desorientación' al echarse en manos de una secta, que de todo eso fue acusado.

Dylan se refugió en su espiritualidad renovada y comenzó a escribir canciones con un fuerte componente religioso y en primavera decidió garbarlas en los estudios Muscle Shoals de Alabama, uno de los centros más importantes de la música soul. Para profundizar en esa línea contrató al productor Jerry Wexler, que había trabajado con grandes estrellas afroamericanas como Aretha Franklin, Ray Charles, Wilson Pickett o Ruth Brown. Éste atrajo a Mark Knopfler, líder de Dire Straits, para que fuese el guitarrista del disco de Dylan, y también incorporó a Tim Drummond al bajo, Pick Withers a la batería y Barry Beckett a los teclados. En las voces estuvieron Helena Springs, Regina Havis y Carolyn Dennis, el amor de Bob por entonces. Las tres eran afroamericanas y habían sido educadas cultural y musicalmente en la tradicional escuela religiosa del gospel.

Mark Knopfler, el líder de Dire Straits, junto a Bob Dylan.

En agosto de 1979 se publica *Slow Train Coming*, un álbum cuya novedad fundamental es su contenido, con canciones de profundo sentido evangélico y una filosofía orientada al cristianismo y que se convierte en un sorprendente y absoluto éxito con temas como «When He Returns», «Gotta Serve Somebody» y el pronto universalmente famoso «Man Gave Names to All the Animals». La recepción de la crítica es mayoritariamente favorable, aunque no abiertamente entusiasta, e incluso en ocasiones netamente negativa, pero el éxito comercial es rotundo. El álbum alcanza el tercer puesto en las listas de ventas estadounidenses y supera el millón de copias vendidas, lo que lo convierte en disco de platino. Tras algunas discrepancias iniciales entre Bob y la compañía por el peso que el aspecto religioso debía tener en la promoción del disco, el 18 de octubre aparece promocionando el disco en el programa de televisión Saturday Night Live y las canciones siguen teniendo buena acogida. El 1 de noviembre, coincidiendo con la festividad religiosa de Todos los Santos, el Fox Warfield Theatre de San Francisco es testigo de un momento histórico en la carrera de Dylan: el primer concierto de la gira conocida como Gospel Tour, que para pasmo del público comenzó con un sermón religioso de Regina Havis, una de las chicas del coro, al que se añadieron sus compañeras y el pianista Terry Young, para interpretar varios temas de puro gospel, antes de que se sumasen Bob y el resto de la banda para interpretar «Gotta Serve Somebody». El concierto se convirtió prácticamente en un oficio religioso y el público mostró su rechazo con un sonoro abucheo, algo que se repitió durante toda la gira, mientras la prensa musical cargaba las tintas contra aquel nuevo desafuero del cantante de Minnesota.

Dylan y sus acólitos se embarcan en una gira de setenta y nueve conciertos, dividida en tres etapas, que acabará el 21 de mayo de 1980 en Dayton (Ohio) después de visitar veintinueve ciudades. Recorren el país de punta a punta con una actitud que recuerda más a la de una comunidad religiosa que a una banda de rock. Antes de salir a escena se reunían en los camerinos para rezar formando un círculo con las manos entrelazadas y en el escenario desplegaban toda una serie de sermones que, casi de forma invariable, eran recibidos por el público con abucheos y manifestaciones de rechazo. Pero el rechazo no venía sólo de sus tradicionales fans, que le acusaban una vez más de traidor, sino también de las filas de las congregaciones religiosas tradicionales, que veían en aquella reconversión del viejo rockero, bohemio y vividor, una farsa, cuando no un insulto a la verdadera fe.

Entretanto, Dylan seguía componiendo e introduciendo nuevas canciones en su repertorio, todas en la misma línea religiosa y con un tono más duro, más apocalíptico. Son los temas que darán cuerpo a su siguiente disco, *Saved*, que comienza a grabar el 11 de febrero de 1980 también en Muscle Shoal y de nuevo bajo la dirección del productor Jerry Wexler. Una semana después de acabar de grabar el disco, el 27 de febrero, obtiene un premio Grammy a la mejor actuación vocal masculina de rock por la canción «Gotta Serve Somebody». Su actuación, al frente de la banda vestida de gala puso en pie al auditorio de Los Ángeles. Horas más tarde, durante la fiesta de celebración Dylan fue duramente recriminado por Harold Leventhal, el veterano productor judío que había organizado el primer concierto importante de Dylan en el Town Hall de Nueva York en 1963 y que no le perdonaba su traición religiosa. Esa era la realidad cotidiana de Bob por entonces, capaz de generar tanta admiración como odio.

El 29 de junio sale a la venta *Saved*, un disco que no sólo mantiene la temática de signo religioso, sino que la endurece. El tono dogmático del disco y las letras amenazantes para los no creyentes, especialmente en el caso del tema que daba título al LP, agudizan las críticas y el rechazo de la prensa especializada. A pesar de la polémica por la militancia religiosa del cantante el disco consigue buenas ventas, situándose en el puesto veinticuatro de las listas de éxitos en los Estados Unidos y nada menos que en el tercer lugar de las británicas, aunque muy lejos de las de su anterior disco. Además, poco a poco la afluencia del público a los conciertos fue disminuyendo y los negocios comenzaron a ir mal. A pesar de ello, no renunció a su militancia religiosa y siguió escribiendo temas repletos de referencias bíblicas como «Every Grain of Sand», inspirado en el viejo testamento, aunque también recibe influencias del poeta británico del siglo XVIII, John Keats. Fue precisamente esa canción, la única que la revista *Rolling Stone* salvó de su siguiente álbum, *Shot of Love*, publicado en agosto de 1981. Pero para entonces el ánimo combativo del cristiano renacido se había apaciguado, especialmente después del 8 de diciembre, cuando John Lennon es asesinado y Dylan sufre una sacudida personal en la que el pánico es el principal ingrediente y decide rebajar su protagonismo social. Entre marzo y mayo de 1981 graba *Shot of Love*, primero en los Rundown Studios de Santa Mónica (California) y luego en varios otros de Los Ángeles, una experiencia en la que lo más destacado es una fallida sesión de grabación con Ringo Star que derivó en *jam session* junto a Ronnie Wood. También ha desaparecido Jerry Wexler de la producción, de la que se encarga el propio Dylan, que además rebajó el nivel de ortodoxia religiosa de los temas e incluyó de nuevo canciones de tono laico y secular. Además introduce algunos cambios en la banda como las nuevas coristas, Regina McCrary, Madelyn Quebec, madre de Carolyn Dennis (cuya relación amorosa se hallaba diluida) y Clydie King, con quien mantuvo un apasionado romance. En junio comienza un gira europea en la que ofrece el nuevo material mezclado con temas clásicos de su repertorio. La salida del álbum en verano es recibida con críticas negativas y las ventas fueron incluso inferiores a las de *Saved*.

El 16 de octubre comienza en el Auditorium de Milwaukee (Wisconsin) la gira *Shot of Love*, en la que incorpora a su viejo compañero Al Kooper. Las canciones religiosas son paulatinamente sustituidas por los temas más conocidos de discos anteriores, en un intento de salvar la catastrófica situación económica en la que se estaba sumergiendo, a pesar de lo cual la gira tuvo que ser suspendida antes de lo previsto. Por si eso fuera poco Dylan volvía a vivir el acoso de fans enloquecidas, que en verano habían pretendido entrar en su casa de California y habían efectuado llamadas amenazadoras al cantante y su entorno. Y para colmo de males su antiguo mánager, Albert Grossman, le demanda por una presunta deuda de más de cincuenta mil dólares en derechos de autor y ambos entablan una batalla legal que duraría años y sería especialmente sucia. La puntilla a toda aquella catastrófica situación fue la noticia de la muerte -el 3 de enero de 1982- de su viejo amigo Howard Alk a causa de una sobredosis de heroína con toda la apariencia de un suicidio, una situación similar a la desaparición de Mike Bloomfield, el guitarrista del histórico concierto de Newport, muerto también por sobredosis en febrero de 1981. A pesar de los altibajos que siempre ha tenido su biografía, el último año le ha dejado prácticamente fuera de combate. El divorcio, el fracaso de su película *Renaldo & Clara*, sus devaneos sentimentales y el elevado precio que ha tenido que pagar por su conversión al cristianismo le han sumido en una estado letárgico que durará prácticamente todo el año 1982, en el que sus apariciones públicas serán muy escasas. La primera el 15 de marzo, cuando viaja a Nueva York para participar en la ceremonia de su entrada en el Songwriters Hall of Fame, el Salón de la Fama de los compositores, y la segunda el 6 de junio, cuando participa en el festival antinuclear *Peace Sunday - We Have a Dream*, celebrado en el Rose Bowl de Pasadena (California), donde interpreta «Blowin' in the Wind» y «God on Our Side», con su eterna amiga Joan Baez ante ochenta y cinco mil personas. Pero a pesar de su situación de semi retiro, su vida sentimental sigue siendo un carrusel y esta vez cae rendido ante los encantos de Carole Childs, una ejecutiva de la discográfica de David Geffen, *Asylum Records*, a la que conoció en la fiesta del *bar mitzvah* de su hijo Samuel, a la que también asistió Sara y el resto de la familia. Con los habituales vaivenes, mantuvo con ella una relación a lo largo de casi una década.

En la primavera de 1983, tras una aparición sorpresa en el Lone Star Cafe de Nueva York, en un concierto con Rick Danko y Levon Helm, antiguos miembros de The Band, retoma la actividad creativa y se embarca en la grabación de un nuevo disco, *Infidels*, un álbum coproducido por Mark Knopfler, en el que la profecía de Bob se había cumplido al menos en los aspectos técnicos: los tiempos habían cambiado y la industria musical se había transformado con la aparición del compact disc, la consolidación de MTV y el imperio de la tecnología digital. Destacan los temas «Jokerman», una creación que recordaba los temas de sus mejores tiempos, «Sweetheart Like You», «Man of Peace» o «Neighborhood Bully», una tema considerado pro sionista y que desató la enésima polémica sobre su alineación política en defensa del estado de Israel, país al que hace una visita relámpago en octubre para participar en el *bar mitzvah* de su hijo Jakob, en la que se fotografió frente al muro de las lamentaciones llevando la *kipá*, la prenda tradicional con la que los judíos se cubren la cabeza, lo que desencadenó un torrente de rumores sobre su regreso al judaísmo.

Bob Dylan con la tradicional Kipá frente al muro de las lamentaciones en Jerusalén.

A su regreso se edita el LP que, tras dos años de críticas negativas, vuelve a ser acogido con benevolencia, aunque sin despertar un gran entusiasmo. Algunos medios señalan que todavía recuerda a sus apologéticos discos cristianos, mientras que otros, como el *Village Voice*, critican el excesivo conservadurismo de temas como «Sweetheart Like You», tildado de machista. Las ventas mejoran las de sus anteriores discos, pero el álbum no logra pasar del número veinte en las listas.

Joan Baez y Bob Dylan actuaron juntos en el
Festival Open Air 84, en Offenback, Alemania.

A pesar de las especulaciones provocadas por su visita a Israel, Bob seguía siendo un cristiano renacido, aunque se había distanciado poco a poco de la Comunidad de la Viña. Los temas de *Infidels*, son el epitafio de su apología religiosa, en una época en la que la revuelta del punk está comenzando a ser fagocitada por la industria musical y queda poco del espíritu de rebeldía de principios de los ochenta que, curiosamente, había respetado a Dylan mientras arremetía contra otras bestias sagradas de los años sesenta como los propios Rolling Stones. Pero la escena musical ha cambiado radicalmente y Bob no está dispuesto a ser arrinconado por la historia. El 22 de marzo de 1984 aparece en el programa de televisión de David Letterman, de la cadena NBC, para interpretar tres temas de forma un tanto desastrosa, acompañado del grupo Plugz, una banda californiana de punk que se disolvió ese mismo año. En mayo decide reencauzar las cosas y firma un contrato con el productor Bill Graham para realizar una gira por Europa con Carlos Santana, que le devuelve a los grandes escenarios y los grandes cachés. El tour incluye el Festival Open Air 84, en Offenback, Alemania, donde actúa con Joan Baez, a la que no presta excesiva atención y que abandona la gira. En el mes de junio Dylan actúa en España por primera vez.

La experiencia de su regreso a los escenarios es un completo éxito, pero no así el disco resultante, *Real Live*, editado a finales de año con un rotundo fracaso comercial. Pero a pesar de que los problemas económicos y personales persisten, la estrella del rock ha regresado con fuerza y el 28 de enero de 1985 participa en Los Ángeles en la sesión de grabación de «We Are the World», la canción estrella del álbum benéfico *USA for Africa*, destinado a recaudar fondos para combatir la hambruna que está azotando a ese continente y en la que participan también Bruce Springsteen, Tina Turner, Michael Jackson, Ray Charles, Diana Ross y Lionel Richie, entre otros.

El 28 de enero de 1985 Dylan participó en la grabación de «We Are the World», la canción destinada a recaudar fondos para combatir la hambruna del continente africano.

Tras varios meses encerrado en el estudio de grabación con un grupo de viejos colegas como Al Kooper, Ron Wood, Mick Taylor, Benmont Tench y Jim Keltner o nuevas incorporaciones como el dúo jamaicano de reggae Sly and Robbie, el 8 de junio sale al mercado *Empire Burlesque*, su vigésimo tercer álbum de estudio, plagado de referencias al mundo del cine y muy alejado musicalmente de sus trabajos anteriores, en el que destacan canciones como «Tight Connection to My Heart» y «Dark Eyes» y que recibe reseñas positivas, a pesar de que algunos críticos acusaron a Bob de intentar conseguir un sonido contemporáneo impostado. El cantante replicó que él seguía escuchando al viejo *bluesman* Charley Patton y que no sabía nada de nuevas músicas. Aunque no fue un bombazo, las cifras de ventas mejoraron respecto a sus últimos trabajos.

Dylan sigue empeñado en recuperar el tiempo perdido y se zambulle en una sucesión frenética de conciertos: el 13 de julio, cierra el concierto *Live Aid* de Filadelfia, con una actuación a dúo con los 'stones' Keith Richards y Ron Wood en la que les llueven las críticas por el tono improvisado y descuidado de su actuación, una forma suave de decir que los dos últimos salieron a tocar con unas copas de más. En septiembre actúa en el concierto benéfico *Farm Aid*, en la Universidad de Illinois, en apoyo a los granjeros estadounidenses, en el que le acompañan Tom Petty & The Heartbreakers. La idea había sido de Willie Nelson, probablemente inspirado por las polémicas palabras pronunciadas por Dylan en el *Live Aid*, en las que afirmó que una pequeña cantidad del dinero recaudado para África se podría destinar los granjeros americanos endeudados con los bancos.

El broche de 1985, un año de recuperación para Dylan, lo pone la fiesta de homenaje que le organiza su discográfica el 13 de noviembre en Nueva York para celebrar el lanzamiento de *Biograph*, una colección de cinco álbumes con cincuenta y tres temas, dieciocho de ellos inéditos. La edición era un auténtico lujo e incluía extras como entrevistas de Bob con el periodista Cameron Crowe, de la revista *Rolling Stone*. A la fiesta acudieron amigos y compañeros de todas las épocas, como Harold Levenhthal, el organizador de su primer concierto, David Bowie o Yoko Ono y una antigua *road mánager*, Susan Ross, con la que ese día comenzó su enésima relación tormentosa.

1986 comienza con un sabor a viejos tiempos cuando el 20 de enero actúa en Washington DC, en el concierto organizado por Stevie Wonder para celebra la primera edición del *Martin Luther King Day* en los Estados Unidos. En el recuerdo al hombre con el que compartió el histórico momento del discurso 'Yo tengo un sueño', Dylan está acompañado por otros asistentes a aquel multitudinario acto en defensa de los derechos civiles, Peter, Paul & Mary, con los que interpreta «Blowin' in The Wind». El 31 de enero una de sus eternas compañeras sentimentales,

Carolyn Dennis, da a luz una niña que recibió el nombre de Desiree Gabrielle Dennis-Dylan, aunque en aquel momento la paternidad de Bob fuera un secreto celosamente guardado. De hecho, el padre de la criatura emprendió días después una gira con Tom Petty & The Heartbreakers que le llevó a Australia y Japón, donde recibió la triste noticia del fallecimiento de su viejo amigo Richard Manuel, el vocalista de The Band, que se había suicidado en un motel. Dos acontecimientos personales tan distintos hicieron reflexionar al artista, que decidió casarse con la madre de su nueva hija, cosa que hizo el 4 de junio, a su regreso de la gira por Asia. El hecho de casarse en secreto le permitió a Bob seguir manteniendo al resto de sus novias, mientras proseguía la gira con Tom Petty, su banda y un coro de chicas, The Queens of Rhythm, en el que figuraban su nueva esposa y su suegra.

Live Aid fueron dos conciertos realizados el 13 de julio de 1985 de forma simultánea en el Estadio Wembley de Londres y en el John F. Kennedy Stadium de Filadelfia con la finalidad de recaudar fondos a beneficio de Etiopía y Somalia.

En julio se edita *Knocked Out Loaded*, un álbum, que colecciona críticas negativas de las que sólo se salva «Brownsville Girl», una canción escrita a medias con Sam Shepard en los días de la película *Renaldo & Clara*, y en agosto comienza el rodaje de la película *Hearts on Fire*, en la que da vida a una estrella de rock en la última etapa de su carrera. Tras pasar el otoño en Canadá, implicado en el rodaje de la película, Bob pasa una temporada elaborando proyectos diversos que en la mayoría de los casos no se materializan. En junio de 1987 decide dar un enésimo giro a su carrera e inicia una gira por los Estados Unidos con The Grateful Dead. El primer concierto fue en el Sullivan Stadium de Foxboro, Massachusetts, pero las cosas no acabaron de funcionar. Dylan alegaba constantes dolores de espalda para su bajo estado de forma. En el escenario llegaba a olvidarse de las canciones y tenía un comportamiento errático para desesperación de Jerry García y su banda. De aquella experiencia salió un disco, *Dylan & Dead*, básicamente grabado en el concierto que dieron el 12 de julio en Nueva Jersey y que fue el mejor de la gira. A pesar de las pésimas críticas que cosechó, el disco se convirtió en disco de oro.

Casi sin solución de continuidad, en octubre comienza en Israel una nueva gira internacional acompañado por The Heartbreakers, con Roger McGuinn, ex de The Byrds, como invitado. En el último concierto, en Londres, el invitado es George Harrison y ese mismo mes Dylan recibe un disco de platino por los cinco millones de discos vendidos en Gran Bretaña a lo largo de su carrera. Bob decide cerrar el año zanjando una vieja deuda, pagando a Sally, la viuda de Albert Grossman -muerto dos años antes- la cantidad de dos millones de dólares por los derechos de autor que correspondían al antiguo mánager y que fueron motivo de una agria y larga pelea entre ambos. Pero antes de que se acabe el año el músico todavía recibe una mala noticia: el estreno mundial de *Hearts on Fire* en Inglaterra es un absoluto fracaso.

La huida hacia adelante
(1988 - 1999)
La gira interminable y la consolidación del mito

El 20 de enero de 1988 Dylan es introducido junto a The Beatles y The Beach Boys en el Rock and Roll Hall of Fame, inaugurado sólo cinco años antes, y cinco de sus canciones son incluidas entre las quinientas que han dado forma al rock and roll. El encargado de pronunciar el discurso de bienvenida es Bruce Springsteen, que recuerda su impacto la primera vez que escuchó a Bob Dylan mientras viajaba en coche con su madre. Tras más de un cuarto de siglo protagonizando buena parte de la escena musical, el chico que un día abandonó su pueblo de Minnesota entra oficialmente en el Olimpo del Rock para codearse con sus mitos y convertirse a la vez en uno de ellos, en un momento en que su carrera parece haber entrado en un declive imparable.

Esta situación llega a un punto de inflexión el 7 de junio de ese mismo año en el Concord Pavillion de California, cuando comienza el Never Ending Tour, la Gira Interminable que para muchos sigue todavía en marcha, aunque el propio Dylan -que la bautizó así en una entrevista en 1989- acabó desmintiendo su existencia en otra en 1993. Pero como suele suceder tratándose del excéntrico genio de Minnesota, la criatura que puso en marcha en Concord acabó cobrando vida propia y marcando la trayectoria del cantante durante las siguientes décadas. En realidad lo que comienza aquel día es una gira que que se llama *Interstate '88*, para la que Dylan se ha rodeado de una banda y un repertorio completamente nuevos. Su carrera había llegado a un punto de declive que amenazaba con el no retorno a pesar de sus permanentes esfuerzos por revitalizarla y finalmente opta por volver al punto de origen, la carretera, con una formación básica de rock & roll: un guitarrista, G.E. Smith, un bajista, Kenny Aaronson y un batería Christopher Parker, incluyendo esporádicamente algún artista invitado elegido entre sus viejos compañeros de toda la vida. En el caso del primer concierto, Neil Young. También recupera a un viejo conocido para realizar las labores de mánager, Victor Maymudes. La simplicidad y el movimiento constante son su respuesta a los años en los que el peaje de la fama se tradujo en permanentes conflictos personales y profesionales.

Sólo en el primer año, la gira recorre dieciséis ciudades de los Estados Unidos y Canadá entre el 7 de junio y el 19 de octubre. Su repertorio se torna versátil e incluye más de noventa temas de distintos períodos de su carrera, sin tener que recurrir necesaria e invariablemente a convertir su actuaciones en una repaso de sus grandes éxitos. Las interrupciones son mínimas y por motivos ineludibles, como a principios del mes de agosto, cuando asiste a la boda de su hija María con Peter Himmelman, un músico que parece una réplica de él mismo: nacido en Minnesota, de orígenes judíos e interprete de folk, blues y rock. Por cierto que este peregrinaje musical no significa un abandono de su familia, ya que Carolyn y Desiree, su esposa y su hija todavía oficialmente secretas, le acompañan en numerosas ocasiones, aunque siempre de una forma discreta, muy lejos de los pasionales y llamativos líos sentimentales de épocas pasadas.

Mientras tanto, sigue produciendo discos con continuos cambios de estilo. En septiembre de 1988 sale a la venta *Folkways: A vision Shared*, un álbum de homenaje a sus grandes mitos de la música popular como Woody Guthrie y Leadbelly, en el que colaboran grandes nombres de la escena musical como Bruce Springsteen, Emmylou Harris, Little Richard, Willie Nelson, Pete Seeger, U2 o Brian Wilson. En esta línea de colaboraciones estelares, en octubre sale al mercado *Volume One*, el primer disco del supergrupo The Traveling Wilburys, que integra Dylan, George Harrison, Roy Orbison, Tom Petty y Jeff Lynne. El álbum es un absoluto éxito de ventas. El 19 de octubre acaba la primera edición del *Never Ending Tour* en el Radio City Music Hall de Nueva York y el 4 de diciembre Bob participa en el Oakland Coliseum Music Festival, un concierto a beneficio de Anmistía Internacional, junto a The Grateful Dead, Tracy Chapman y Crosby, Stills, Nash & Young. Dos días después fallece Roy Orbison y con él desaparece una de las últimas figuras del rock & roll clásico.

Antes de reanudar su maratón de directos, el 12 de febrero de 1989 Dylan se presenta inopinadamente en un concierto de The Grateful Dead en Inglewood (California) y sube al escenario insistiendo en tocar temas de la banda californiana, pero sólo consigue hacerse un lío con las canciones, que no domina con soltura, por decirlo suavemente. Al día siguiente los llama para comunicarles que le gustaría unirse a la banda, pero ésta vota en contra de tal pretensión, aunque algunos estuviesen de acuerdo, como Bob Weir.

Son días difíciles para Bob, un tanto ofuscado y perdido, que busca una salida a su errática carrera en solitario. A mediados de febrero se traslada a Nueva Orleans para poner en marcha un nuevo disco con el productor Daniel Lanois, que había adquirido popularidad al dirigir el trabajo de The Neville Brothers en su álbum *Yellow Moon*. El disco en cuestión es *Oh Mercy* y el primer tema que se graba el «Political World», un retorno pausado y escéptico a la visión política y social de Dylan, un desapego que también reflejará la canción promocional, «Everything is Broken». Las sesiones de grabación son muy complicadas y se producen continuas diferencias de criterio entre Bob y el productor, lo que alarga el final del proceso hasta finales de marzo.

El 25 de mayo regresa en Praga (Chequia) la Gira Interminable, que esta vez recorrerá trece países europeo, entre ellos España, y que acabará su primera parte el 28 de junio en Atenas (Grecia). La segunda parte será otra vez en los Estados Unidos y Canadá, con un recorrido por sesenta y seis ciudades, de Peoria (Illinois) a Tampa (Florida), donde el 15 de noviembre cierra cien conciertos, en un año en el que el álbum *Oh Mercy* le devuelve el respeto de la prensa especializada, además de mejorar las ventas de su anteriores discos y su hija María le convierte en abuelo el 7 de noviembre al dar a luz al pequeño Isaac.

En 1990 se repite el esquema, con noventa y tres conciertos que recorrerán doce países. El año comienza con el reconocimiento a su figura por parte del gobierno francés, que le concede su galardón cultural más importante, el de Comandante de la Orden de las Letras y las Artes. En febrero participa, junto a estrellas como Bruce Springsteen o B.B. King, en el tributo a Roy Orbison que se celebra el Universal Amphitheatre de California para recaudar fondos para personas sin hogar. En primavera todavía encuentra tiempo para participar en un nuevo álbum con los Traveling Wilburys, mientras graba su propio disco, el vigésimo séptimo de estudio en su carrera, *Under the Red Sky*, en el que vuelve a trabajar con el productor Daniel Lanois, intentando repetir el éxito del LP anterior, y que se publicará en septiembre, esta vez con unos resultados nefastos, tanto de ventas como de críticas. Además, el movimiento continuo no está resultando ser la panacea de sus problemas. Las constantes actuaciones le mantienen demasiado alejado de su mujer y su hija, que han dejado de seguirle a todas partes tras el primer año del Never Ending Tour. Carolyn, aburrida de esta situación, solicita el divorcio ese mismo verano.

En octubre el guitarrista G.E. Smith abandona la banda, cansado de tanto deambular y poco después Dylan se deshace del batería Christopher Parker. En su lugar entran John Jackson a la guitarra e Ian wallace en la percusión. Por aquellos días Bob recupera su obsesión por la seguridad y convierte en un asunto espinoso la elección de los hoteles que contribuyan a evitar el acoso de los fans. En agosto sufre otra pérdida personal al ser vendida la casa de Hibbing en la que pasó su infancia.

Pero el *Never Ending Tour* sigue su marcha arrolladora, como una locomotora que no tiene en cuenta los sentimientos personales. En 1991, cuarto año de la gira, son ciento uno los conciertos realizados mientras se suceden los fracasos discográficos, con el lanzamiento de *The Bootleg Series Volumes 1-3*, una edición de temas inéditos que no logra pasar del puesto cuarenta y nueve en las listas de éxitos estadounidenses. Además, el 21 de febrero de 1991 vuelve a protagonizar otra de sus polémicas intervenciones cuando va a recibir el *Lifetime Achievement Award*, un premio a toda su trayectoria. El cantante sale al escenario con un aspecto demacrado para interpretar «Masters of War», cosa que no sienta demasiado bien a un público de patriótico apoyo en aquellos días a la Guerra del Golfo. Tras recibir el premio de manos de Jack Nicholson pronuncia un errático discurso del que todo el mundo saca la conclusión de que está borracho.

En 1992, año en el que realiza noventa y dos conciertos de la *Gira Interminable*, recibe el homenaje de sus compañeros de profesión en un concierto en el Madison Square Garden de Nueva York. Neil Young, George Harrison, Tom Petty, Eric Clapton, Johnny Cash, Lou Reed, Kris Kristofferson, Ron Wood, Steve Wonder y un largo etcétera, cantan sus canciones ante un Dylan que no muestra una especial emoción. En realidad Bob está otra vez tocando fondo. Sus ganancias son casi ridículas para un artista de su nivel y ni siquiera el disco y el vídeo de sus conciertos producen los beneficios esperados, su último matrimonio con Carolyn Dennis ha hecho aguas definitivamente, sus hijos son mayores y en general viven bastante distanciados del ambiente familiar, se siente más solo que nunca y se refugia en la agotadora rutina de las actuaciones en directo. Entre 1993 y 1999, realiza setecientos un conciertos sólo de la Gira Interminable, a los que hay que añadir las galas televisivas y las colaboraciones en conciertos de otros artistas y galas benéficas.

Los discos se suceden sin descanso y con resultados modestos la mayoría de las veces. *Good as I Been to You*, en 1992, y *World Gone Wrong*, en 1992, suponen un cierto retorno a los orígenes, pero los resultados económicos no son especialmente buenos y las críticas están muy lejos del entusiasmo. En 1994 cumple la deuda histórica de actuar en el Festival de Woodstock y el público le recibe entusiasmado. Para los hijos de sus antiguos seguidores sigue siendo un ídolo, aunque el pasado se empeñe en pasar factura, como cuando en noviembre de ese mismo año la actriz Ruth Tyrangiel le demanda por la ruptura de una relación personal y profesional que ha durado dos décadas y le pide una indemnización de cinco millones de dólares que finalmente los tribunales rechazan. A pesar de todo sigue siendo una figura reverenciada por miles de fans y respetada por músicos de todo el mundo y de todas las generaciones. En marzo de 1995 su álbum *World Gone Wrong* recibe el Grammy al mejor disco de folk tradicional y en junio actúa en un apoteósico concierto en el Giants Stadium de Nueva Jersey junto a Grateful Dead, cuyo líder y amigo íntimo, Jerry García, fallece el 9 de agosto. Poco más de tres meses después muere también Robert Shelton, el periodista que hizo la primera reseña de prensa sobre Dylan, en 1961. Bob comienza a convertirse en uno de los pocos representantes activos de la mítica generación de los setenta, pero la muerte también le ronda. El 25 de mayo de 1997 ingresa de urgencia en el St. John's Hospital de Santa Mónica (California) con unos fuertes dolores en la espalda que habían comenzado veinticuatro horas antes, justo el día de su cumpleaños y que su incurable tendencia a la fantasía había prolongado durante toda una jornada contándole a su hija María -que le había organizado la fiesta de aniversario- que había visitado a un doctor y que le había quitado importancia a la dolencia. En realidad se trataba de una histoplasmosis, una enfermedad que le mantiene una semana hospitalizado con graves problemas de respiración y fuertes dolores y que supone que contrajo durante uno de sus paseos en moto. No es una enfermedad con grave riesgo de mortalidad, pero a la edad de Dylan es fácil que se complique con un infarto. El 2 de junio, cuando sale del hospital Bob declara solemne: «Llegué a pensar que pronto vería a Elvis». Ese año de 1997 es crucial para el artista, que comienza a salir de una crisis interna y vuelve por sus fueros místicos. El 27 de septiembre actúa ante el Papa y trescientas mil personas. En diciembre, el Presidente de los Estados Unidos, Bill Clinton, le otorga en la Casa Blanca el galardón Kennedy Center Honors por su trayectoria artística y personal. También ese año su álbum *Time Out of Mind*, no sólo cosecha las mejores críticas en muchos años, sino que le devuelve a los puestos altos de las listas de ventas. Además, gracias a ese disco obtiene en 1998 el Grammy al mejor álbum del año y al mejor álbum de folk tradicional. También en 1988 Columbia publica *Live 1966: «The Royal Albert Hall» Concert*, cuarto volumen de la colección *The Bootleg Series*, que se convierte en disco de oro. A pesar de ser uno de los artistas más veteranos del panorama del rock & roll, Dylan sigue actuando sin descanso.

En abril de 1999 realiza una gira por Europa, que incluye España y le llevará a Santiago de Compostela, Gijón, Santander, San Sebastián, Zaragoza, Madrid, Málaga, Murcia y Barcelona, tras la que regresa a los Estados Unidos para realizar una gira con Paul Simon. El 30 de junio actúa en un concierto en el Madison Square Garden de Nueva York en apoyo del *Crossroad Center*, la institución de ayuda a alcohólicos y drogodependientes fundada por Eric Clapton. El 3 de julio, en un retorno al pasado, Dylan celebra un concierto en Duluth, dentro de su gira con

Paul Simon. Es la segunda vez en toda su vida que toca en su localidad natal. La primera había sido el mes de octubre del año anterior y no se había comunicado con el público. Esta vez sí lo hace, e incluso hace una referencia a la zona donde nació. Han pasado cincuenta y nueve años y el cantante de Minnesota está preparado para afrontar los retos de un nuevo siglo convertido en una leyenda viva.

El 27 de Septiembre de 1997, Bob Dylan interpretó tres canciones ante el papa Juan Pablo II en pleno festival de Bologna, Italia.

Sobreviviendo en el siglo XXI
(2000-2015)
La leyenda de un gigante

Bob Dylan comenzó el nuevo siglo cosechando premios y galardones. En enero del año 2000 la Real Academia Sueca de la Música le otorga el premio Polar Music Prize, en una ceremonia presidida por el rey Carlos Gustavo. Se trata de un galardón dotado con un millón de coronas, unos 118.000 dólares y por su simbología, que no por su prestigio musical, está considerado por muchos como el Nobel de la Música. En la ceremonia algunas de sus canciones son interpretadas por Bryan Ferry y Louise

Hoffsten. Fiel a su peculiar estilo, el cantante norteamericano no acudió a la posterior cena de gala.

Pocos días después, el día 27, fallece su madre, Beatrice Rutman, a los 84 años de edad en Saint Paul (Minnesota). Tras la muerte de su esposo Abe Zimmerman, Beatrice se había casado con Joe Rutman, quien a su vez falleció en 1985. Siempre conservó los poemas que su hijo Bob le había dedicado cuando era un niño y siempre negó los rumores sobre las posibles desavenencias familiares. Quizá la prueba más fehaciente que queda para la posteridad sea la foto que Ken Reagan hizo en 1974 en un concierto en Chicago en la que Beatrice aparece entre un grupo de jóvenes aplaudiendo a su hijo. Una instantánea que el fotógrafo declinó publicitar como una señal de respeto y que le valió convertirse en el fotógrafo personal de Dylan durante los días del Rolling Thunder Tour.

A pesar de hallarse en la frontera de los sesenta años, el 10 de marzo pone en marcha la decimotercera edición de su ya famoso *Never Ending Tour* en Anahei (California), la primera de las ciento una ciudades de Europa, Estados Unidos y Canadá en las que ese año ofrecerá ciento doce conciertos. A finales de octubre se edita *The Essential Bob Dylan*, un recopilatorio con treinta canciones, entre las que se encuentran las más representativas de la carrera del cantante y que, a pesar de que inicialmente no obtuvo el éxito esperado, acabó convirtiéndose en disco de platino.

En el 2001 la Gira Interminable comienza el 25 de febrero en Omiya (Japón), en el primero de ciento seis concierto con los que recorrerá la zona asiática del Pacífico y los Estados Unidos. A pesar de ellos encuentra tiempo para entrar en el estudio en el mes de mayo para grabar *Love and Theft*, el segundo álbum de la trilogía que comenzó con *Time Out of Mind* y que cerrará cinco años más tarde con *Modern Times*. El álbum obtiene el Grammy al mejor álbum de folk contemporáneo y se convierte en disco de oro, devolviendo a su autor el esplendor de sus mejores tiempos. Además el 25 de marzo Dylan recibe de manos de Jennifer López el Oscar a la mejor canción por el tema «Things Have Changed», una canción compuesta para la película *Wonder Boys (Jóvenes prodigiosos)*. En los dos años siguientes sigue sin bajar el ritmo de actuaciones con ciento siete en 2002, el año en el que el paso del tiempo no tuvo conmiseración con el artista. La artritis decide pasar factura y la espalda de Bob se resiente tras cada concierto, hasta el punto de obligarle a dejar de tocar la guitarra eléctrica, lo que desata por enésima vez en los últimos los rumores sobre su retirada de los escenarios. Pero su voluntad e hierro se impone una vez más y sigue al frente de la banda tocando el piano, instrumento con el que está muy lejos de ser un virtuoso, pero que le permite seguir al pie del cañón y dar noventa y ocho conciertos en el 2003, un año en el que también participa en el guión de la película *Masked and Anonymous*, una historia de futurismo político en la que además interpreta el papel protagonista. Sus actividades extramusicales van en aumento a medida que se adentra en el nuevo siglo. En 2004 publica la primera parte de su autobiografía, *Chronicles: Volume One*, aparece por primera vez después de casi veinte años en una entrevista de televisión, en el programa de Ed Bradley en la *CBS* e incluso encuentra tiempo para actuar en un anuncio de la marca de lencería femenina Victoria's Secret, y por supuesto sigue sin abandonar su eterna gira, ese año con once conciertos. Ese es también el año de su incorporación al mundo de las nuevas plataformas digitales de difusión musical. En el verano de 2004 se produce el primer encuentro entre Bob Dylan y Steve Jobs, fundador de la empresa informática Apple, que se estaba recuperando de su primera operación de cáncer. No se sabe qué secretos compartieron, pero se cuenta que Dylan le contó su método para componer temas de éxito: la inevitable inspiración que se le venía encima en forma de música que no le quedaba más remedio que componer. Ambos mantuvieron un segundo encuentro meses después en el autobús de la gira de Dylan, tras el que el artista de Minnesota le dedicó al magnate californiano su tema favorito, «One Too Many Mornings» en el que concierto que ofreció esa misma noche. Pero la anécdota, relatada por Walter Isaacson en su biografía del rey de la informática, no es tan inocente como parece, ya que es el origen de una dura pugna entre Apple y Sony. Jobs le propuso a Dylan vender sus canciones en iTunes, pero a la discográfica del cantante el precio ofrecido les pareció muy bajo y se negó en redondo. Tras una dura pugna de dos años, el amo de Apple convenció personalmente a Dylan de que le haría una campaña de marketing inigualable y al final el paquete de setecientas canciones se acabó vendiendo por los ciento noventa y nueve dólares iniciales, a lo que se sumó un anuncio de televisión que el cantante hizo gratis y que le supuso convertirse en líder de ventas de nuevo después de treinta años.

Entretanto sigue actuando en directo prácticamente sin solución de continuidad. A principios de junio ofrece siete conciertos en la costa oeste de los Estados Unidos. A mediados de ese mes comienza en Cardiff (Gales), una gira europea que incluye siete ciudades españolas y que concluye en Vilar de Mouros (Portugal) el día 18 de julio. Casi recién llegado a los Estados Unidos, el 4 de agosto regresa a la carretera con una gira que le llevará de Poughkeepsie (Nueva York) hasta Allston (Massachusetts), tres meses y diecisiete días más tarde. Las buenas noticias las completa la revista *Rolling Stone*, que en el número de noviembre sitúa a «Like a Rolling Stone» en el primer puesto de la lista de las 500 mejores canciones de la historia del rock.

En 2005 se estrena *No Direction Home*, un documental de Martin Scorsese que narra la historia de Dylan desde sus comienzos musicales hasta su famoso accidente de moto en 1966. El documental le devuelve a primera línea de la actualidad musical y como efecto colateral le proporciona alcantante un nuevo disco de oro gracias a su banda sonora, *The Bootleg Series Col. 7. No Direction Home: The Soundtrack*. Al año siguiente inaugura una nueva faceta, la de locutor de radio, con el programa *Theme Time Radio Hour*, en el que emite una personal selección de canciones desde los años treinta, articuladas en torno a un tema monográfico. El programa se ajusta a las necesidades de la Gira Interminable y se graba de forma itinerante, allá donde se encuentre su director, que ese año también publica *Modern Times*, el final de su trilogía y el primer álbum del autor en colocarse en el número uno de la lista Billboard desde *Desire*, en 1976. El disco fue elegido por la revista *Rolling Stone* como el mejor del año y recibió dos premios Grammy: uno al mejor álbum de folk contemporáneo y otro a la mejor interpretación vocal de rock solista por la canción «Someday Baby», a esa lista de premios es de justicia añadir el Grammy que recibe *No Direction Home* al mejor documental del año 2006, cuando también realiza noventa y nueve conciertos, uno más que en 2007, el año en el que se estrena una nueva película sobre su vida y obra, *I'm Not There*, y también el año en el que inaugura en el Kunstsammlungen de Chemnitz (Alemania), *The Drawn Blank Series*, la primera exposición pública de las pinturas de Dylan, que reunió a más de doscientas acuarelas y *gouaches* de sus dibujos originales. En octubre fue galardonado con el Premio Príncipe de Asturias de las Artes, un galardón que no recogió personalmente ya que estaba actuando en Omaha (Nebraska), en el penúltimo concierto de la gira de ese año, en el que ofreció noventa y ocho. A los 66 años continúa trabajando incansablemente y recogiendo el fruto de décadas de creación con la publicación de *Tell Tale Signs: Rare and Unreleased 1989-2006*, octavo volumen de la colección *The Bootleg Series* que incluye grabaciones de actuaciones en

directo y canciones descartadas en su día de las grabaciones de discos
de estudio entre los álbumes *Oh Mercy* y *Modern Times*, publicado por
Columbia y Legacy en 2008.

En la primavera de 2009 publica *Together Through Life*, su trigésimo
tercer álbum de estudio en el que vuelve a las esencias del blues, el folk y
el rock y con el que cosecha un éxito que le sigue manteniendo como el
legendario músico que es al lograr auparse al número uno de las listas en
la primera semana de su aparición en el mercado. Por esos días, después
de tres años realizando una de las mejores selecciones de música americana que se hayan hecho nunca, se despide de su experiencia radiofónica
con el último programa de *Theme Time Radio Hour*, titulado «Goodbye»,
y que concluye con la canción de Woody Guthrie «So Long, It's been
Good To Know Yuh», en un enésimo homenaje a su maestro de los días
en que se convirtió en la gran promesa del folk. Aunque ese año celebra
97 conciertos y vista 81 ciudades, vuelve a desmentir en una entrevista la
revista *Rolling Stone* que siga existiendo algo llamado Never Ending Tour,
argumentando que él es simplemente alguien que hace su trabajo, como
un cualquier trabajador manual. Ese verano, y a pesar de su provecta
edad, vuelve a protagonizar un nuevo escándalo informativo cuando el
16 de agosto es detenido e identificado por la policía de Miami, alertada
por una vecina que dijo haber visto deambulando cerca de su casa «a un
anciano andrajoso, sucio y descuidado, con la mirada perdida». Quizá
para compensar, cierra el año lanzando un disco navideño, *Christmas in
the Heart*, con versiones de villancicos y canciones tradicionales, a beneficio del programa de alimentos de la ONU.

Otra fama que le persigue hasta el final es la de mujeriego. En 2010 la
cantante de soul y gospel de 71 años Mavis Staples, de los Staples Singers, revela en una entrevista a un periódico de Detroit, que Dylan le
pidió matrimonio, cuando apenas tenía 23 años y todavía se encontraba
bajo la tutela de su padre, quien le prohibió tajantemente que se casara
con un blanco, aunque fuera tan famoso como Bob Dylan. Mavis afirmó
que en los festivales en los que compartían cartel Bob la acosaba permanentemente con cartas y llamadas telefónicas. Tampoco le abandona la
eterna polémica sobre su compromiso político. En abril de 2011 visita
por primera vez la República Popular China, donde da dos conciertos
envueltos en la polémica por la presunta censura que impidió que canta-
se sus temas más emblemáticos de canción protesta. A pesar de que durante años ha tratado de desvincularse de su etiqueta de cantantes contestatario y de defensor de los derechos humanos, su contribución a las

causa de la paz y los derechos civiles vuelve a ser reconocida en mayo de 2012, cuando el Presidente de los Estados Unidos, Barack Obama, le otorga en la Casa Blanca la Medalla Presidencial de la Libertad. Pero el superviviente bardo de Minnesota no se duerme en los laureles y cuatro meses después de recibir ese reconocimiento publica su trigésimo quinto álbum de estudio, *Tempest*, un huracán que irrumpe con fuerza en las listas de éxitos, colocándose tercero en la lista estadounidense *Billboard*, pero que sobre todo arrasa entre la crítica especializada, que lo considera como uno de los mejores trabajos de su carrera y uno de los mejores discos publicados ese año. Dylan sigue en forma y además mantiene intacta su capacidad para generar polémica en los momentos más dulces de su carrera, como demuestra en la entrevista que antes de acabar el año concede al periodista Mikal Gilmore, de *Rolling Stone*, en la que, entre otras cosas, afirma que a pesar del éxito *Tempest* no es el disco que había pensado hacer, que pretendía hacer algo más religioso, que nunca se sintió parte del espíritu de los sesenta y que no significó nada para él.

En mayo de 2012, el Presidente de los Estados Unidos, Barack Obama, le otorgó en la Casa Blanca la Medalla Presidencial de la Libertad.

2013 es el año de los grandes recopilatorios. Columbia publica en agosto *Another Self Portrait (1969-1971)*, el décimo volumen de *The Bootleg Series* con treinta y cinco temas inéditos de las sesiones de grabación de *Self Portrait* y *New Morning*, y en noviembre sacó al mercado *The Complete Album Collection: Vol. One*, una caja recopilatoria con el catálogo musical completo de Dylan y una colección titulada *Side Tracks* con canciones no incluidas en ningún álbum. Mientras tanto Dylan ofrece ochenta y cinco conciertos en su interminable gira, que en 2014 y con 73 años a cuestas, eleva a noventa y dos el número de actuaciones en directo, con tiempo para grabar un disco de homenaje a Frank Sinatra, *Shadows in the Night*, que se publica en febrero de 2015 con diez canciones de La Voz interpretadas por otro artista legendario que en palabras de *The New York Times*: «Honra cuidadosamente las melodías, incluso las más complicadas, y habita en su totalidad en las letras». Y así sigue haciéndolo noche tras, en cada una de las sesenta veces que ese año se sube al escenario para reafirmar con echos lo que niega con palabras, que sigue en su gira interminable, quizá hasta que un improbable día decida parar o, como le sucedió a su venerado Hank Williams, su corazón le diga que ha llegado el final de la carretera. Entretanto, la leyenda sigue viva tras medio siglo repitiendo: «¿Qué se siente / Qué se siente / Vagando sin hogar / Por todos ignorada / Como un canto que rueda?»

2. El poeta del rock

En 1996, Gordon Ball, un profesor de literatura de la Universidad de Virginia que estaba facultado por la Academia Sueca para proponer candidatos al Premio Nobel, apoyó la iniciativa de un grupo de admiradores suecos y desde entonces Bob Dylan figura, cada vez con más posibilidades, entre los candidatos al más universal de los premios literarios. En estas dos últimas décadas, el cantante de Minnesota ha visto como el prestigioso premio le era arrebatado por autores como Darío Fo, José Saramago, Günter Grass, Orham Pamuk, Doris Lessing, Herta Müller o Mario Vargas Llosa, entre otros. Tratándose de Dylan era inevitable que la candidatura se viese envuelta por la polémica, con defensores que le consideran como uno de los más grandes poetas populares del siglo XX y detractores que se rasgan las vestiduras ante la sola posibilidad de que su nombre figure algún día entre los de los autores anteriormente citados.

Entre sus más firmes apoyos figuraba Allen Ginsberg, viejo amigo de correrías y proyectos artísticos que falleció en abril de 1997, poco después de la propuesta para el Nobel. En su justificación de apoyo a la candidatura, el poeta más importante de la generación *beat* afirmaba rotundamente: «Dylan es uno de los más grandes bardos y juglares norteamericanos del siglo XX y sus palabras han influido en varias generaciones de hombres y mujeres de todo el mundo». Otra defensora de la propuesta ante la Academia Sueca, la especialista en literatura femenina escandinava Anne-Marie Mai, argumentó en 2009 que con textos como el del tema «Desolation Row», publicado en 1965, Dylan «se ha convertido en un poeta contemporáneo de primer orden. Desde 1962, la obra de Dylan ha renovado la lírica». Para el poeta Nicanor Parra, el genial creador de la corriente rupturista de la antipoesía, no hay asomo de dudas: «Tres versos de Bob Dylan justifican cualquier galardón, incluso el Nobel de Literatura».

El artista de Minnesota, como es habitual, suscita pasiones encontradas respecto a su calidad literaria, pero de las muchas etiquetas que se le han colgado, pocas tan indiscutidas como la del Gran Poeta del Rock. Parece que quienes albergan menos dudas son sus propios compañeros de profesión. Roy Orbison le ha calificado como «el poeta más grande de nuestra época», Bono dijo de él que es «nuestro William Shakespeare con camisa de lunares», Leonard Cohen lo definió como «*el Picasso de la canción*» y Jackson Browne como el «sumo sacerdote de la narrativa personal». Músicos de todos los estilos y generaciones le han rendido tributo. Para Jerry García, líder de Grateful Dead y figura cumbre de la contracultura de los sesenta: «Dylan ha escrito canciones que tocan lugares de la mente a los que nadie antes había llegado», mientras que para el prematuramente desaparecido emblema de la canción protesta, Phil Ochs, «era un genio shakespeariano» *y* Steve Jones, el guitarrista de Sex Pistols, coincidía en que sus letras eran geniales. John Lennon, con el que mantuvo una peculiar amistad, se mostraba deliberadamente ambiguo para alabar su enorme talento: «No hace falta oír lo que dice Bob Dylan, lo importante es cómo lo dice», aunque en numerosas ocasiones reconoció que las letras de The Beatles nunca volvieron a ser las mismas, por su intención y profundidad, después de conocer al aclamado como 'el bardo del siglo XX'.

Fuera del ámbito musical también son muchos los que reconocen el talento literario del músico, como el laureado y perseguido escritor Salman Rushdie, quien no tiene complejos en rendirle tributo al afirmar que: «Bob Dylan es una fuente de inspiración para todo tipo de escritores». El académico y crítico literario británico Christopher Ricks, autor del libro *Dylan poeta. Visiones del pecado*, en el que analiza pormenorizadamente las canciones y composiciones del cantante norteamericano, llega a compararlo con el mismísimo William Shakespeare y lo sitúa entre los herederos de la más selecta poesía inglesa y norteamericana, encarnada en autores como John Donne, Alfred Tennyson, John Keats, T. S. Eliot, Walt Whitman o Philip Larkin, todos ellos objeto de las lecciones de su profesor en el instituto de Hibbing, B.J. Rolfzen, de quien hablaremos más adelante. Fiel a su formación académica como catedrático de Literatura Inglesa de la Universidad de Oxford, Ricks, aún reconociendo su admiración por Dylan, no toma partido en la polémica sobre la calidad literaria del músico norteamericano, sino que se limita a realizar un sesudo trabajo de análisis de los textos del mito de la música con un equilibrio que se podría resumir en una de sus frases sobre el músico: «El suyo es un arte de un medio mixto. Creo que la cuestión no es si merece el Nobel como reconocimiento a su arte. La cuestión es si su arte puede ser considerado literatura».

Por supuesto, Dylan también tiene detractores entre la élite intelectual. A Norman Mailer se le atribuye el desprecio más llamativo: «Si Bob Dylan gana el premio Nobel, entonces yo soy basquetbolista». A pesar de ser uno de los autores más comprometidos de los años sesenta, el que fuera fundador de la emblemática revista *Village Voice*, icono de la cultura neoyorquina, no es precisamente un enamorado de la música de esa época, el rock en general y mucho menos de Bob Dylan en particular, por quien muestra un absoluto desprecio personal y un nulo interés como icono cultural, a pesar de reconocer su validez como poeta, tal y como recoge el escritor y editor Douglas Brinkley, en un artículo publicado en el diario *The Independent*, en el que reproduce un extracto de una conversación con Mailer: «No me gusta Bob -me dice en el almuerzo-. Estuvo en nuestra casa en una fiesta hace muchos años y era un pequeño hijo de puta que despreciaba a todos, muy creído de sí mismo. Siempre consideré que sus versos eran por supuesto incuestionablemente buenos, no hay nada que decir sobre eso. Pero realmente creo que tiene una de las voces más pobres que he escuchado en un cantante importante. Su poesía no es mala. No hay duda de que influyó en toda una generación. Pero eso solía preocuparme también».

Norman Mailer reconocía la influencia de Dylan en toda
una generación, pero discutía la calidad de su voz.

Entre su legión de seguidores tampoco se encontraba Truman Capote, el autor de *A sangre fría* y uno de los escritores más polémicos y provocadores de la literatura norteamericana, quien afirmaba sin ambages: «Siempre he pensado que Dylan era un farsante. Desde luego no es un muchachito que canta canciones líricas. Es un oportunista que quiere hacer carrera y sabe muy bien donde va. Además, es un hipócrita. Nunca he comprendido por qué le gusta a la gente». Entre los escépticos respecto a sus dotes poéticas destacan sin duda los responsables de una emisora de El Paso, Texas, que no emitían sus canciones porque consideraban sus letras totalmente incomprensibles, según recogen Juan Pablo Ordúñez 'El Pirata' y Javier Broco en su libro *Las mejores anécdotas del Rock & Roll*.

A pesar de que el músico nunca se ha mostrado especialmente preocupado por estas críticas, él mismo se ha encargado a menudo de relativizar el contenido poético de sus composiciones al afirmar cosas como «Mi intención poética consiste en revelar la vida de manera realista», o al diluir sus intenciones literarias según las circunstancias: «Cualquier cosa que puedo cantar, la llamo una canción. Cualquier cosa que no puedo cantar, la llamo un poema. Cualquier cosa que no puedo cantar y es demasiado larga para ser un poema, la llamo una novela». Eso cuando no arremete directamente contra sus capacidades poéticas echando mano de la ácida ironía que le caracteriza, como en aquella ocasión en la que durante una entrevista con la reportera del *New York Post*, Nora Ephron, manifestó rotundamente: «No me llamo poeta porque no me gusta la palabra. Soy un artista del trapecio».

Lo cierto es que, de serle concedido, el Nobel no sería ni mucho menos el primer galardón que reconoce la relevancia cultural de un artista que ha dejado una innegable impronta en la segunda mitad del siglo XX. En enero de 1990 fue investido Caballero de la Orden de las Artes y las Letras por el Ministerio de Cultura de Francia, uno de los más prestigiosos galardones culturales del país galo, cuya lista de premiados incluye nombres como los del maestro Joaquín Rodrigo, Jorge Luis Borges, Paul Auster o Mario Vargas Llosa. Es miembro honorífico de la Academia Estadounidense de las Artes y las Letras, Doctor Honoris causa por la Universidad de Princeton, ha sido nominado para el prestigioso premio literario Neustadt, patrocinado por la Universidad de Oklahoma y por la revista World Literature Today y la Real Academia Sueca de Música le ha concedido el Premio de Música Polar. En el año 2007 le fue concedido el Premio Príncipe de Asturias de las Artes y en abril de 2008 ganó el Premio Pulitzer, que otorga la Universidad de Columbia, la agencia *Reuters* y los diarios *Washington Post* y *New York Times*, por su «profundo impacto en la música popular y en la cultura americana, marcado por sus composiciones líricas de extraordinario poder poético». Otra prueba de su nivel literario es que algunas de sus letras han sido incluidas en recopilaciones de literatura contemporánea y han sido objeto de análisis y estudios universitarios por parte de estudiosos como Christopher Lebold, de la Universidad Marc Bloch de Estrasburgo, Richard Thomas, catedrático de la Universidad de Harvard o Mike Daley, de la York University de Toronto, entre otros muchos.

Desde los inicios

En los orígenes de la afición de Bob por la poesía se sitúa Boniface J. Rolfzen, su profesor de inglés durante dos años en el colegio de Hibbing, fallecido en 2009, veinticuatro años después de haber abandonado la enseñanza, y que se pasó la última etapa de su vida recibiendo visitas de periodistas y curiosos que querían indagar en la infancia del más famoso de sus alumnos, al que siempre se refirió como Robert. Tal y como recoge Howard Sounes en su obra *Bob Dylan. La biografía*, BJ, como era conocido por sus pupilos, era un hombre enamorado de su profesión que supo inculcar en todos sus alumnos el amor por las letras, tal y como recuerda John Bucklen, el mejor amigo de Bob por aquellos días: «Recuerdo que me hizo apreciar a Shakespeare. Era un buen profesor de literatura porque podías sentir que realmente disfrutaba, conocía y amaba la literatura». Entre otros autores, BJ descubrió al joven Bob la obra de John Steinbeck, sobre cuya novela *The Grapes of Wrath* (*Las uvas de la ira*), hizo un trabajo escolar con el que obtuvo la máxima calificación. También atrajo su atención sobre el poeta Dylan Thomas, muerto por una intoxicación etílica en 1953, con el que Dylan creó una leyenda respecto a su cambio de nombre afirmando primero que era un homenaje al poeta británico para desmentirlo repetidamente después. Con su carácter pausado y su amor por la literatura, Rolfzen contribuyó decisivamente a que aquel joven que él calificaba como un tímido solitario, acabase desarrollando a lo largo de la primera etapa de su vida una afición inusual por poetas de épocas y estilos tan diversos como Edgar Allan Poe, John

Keats, Mark Twain, Walt Whitman, John Donne, Lord Byron o Philip Larkin. Echo Helstrom, su novia de los días del instituto, ha contado en numerosas ocasiones que Bob era un chico que siempre llevaba libros de poesía y que pasaba muchos ratos escribiendo, cosa que se había convertido en un motivo de preocupación para su padre que esperaba que su primogénito se dedicase a una actividad más sería y lucrativa, algo que su madre traduciría en una frase lapidaria: «Tenía miedo de que acabara siendo poeta. En mi época, ser poeta equivalía a estar sin trabajo».

Dylan Thomas, poeta precoz fallecido por una intoxicación etílica en 1953, el caos y el exceso fueron su camino a la genialidad.

Años después, su primera novia de la etapa neoyorquina, Suze Rotolo, le descubrió a Arthur Rimbaud, sobre todo *Una temporada en el infierno*, un libro que influiría en la nueva etapa creativa de Dylan tras sus primeros tiempos en Greenwich Village, cuando su universo cultural estaba fuertemente marcado por el folk y la literatura militante de las revistas de izquierda en las que colaboraban sus nuevos amigos, como Dave Van Ronk, Jack Elliot o Tom Paxton, entre otros, todos jóvenes promesas de la canción protesta. Suze, hija de un matrimonio de izquierdistas muy ideologizados, lo introdujo en un ambiente intelectual nuevo para Bob, en el que se movían jóvenes con inquietudes literarias como la poetisa feminista Edna St. Vincent Millay o el escritor izquierdista Edmund

Wilson. Suze era su musa y su guía intelectual, y confiaba ciegamente en el talento del joven cantante, tal y como reseñó en su libro de memorias *A Freewheelin' Time*: «Creo en su genio, es un extraordinario escritor pero no pienso que sea una persona honorable. No hace necesariamente lo correcto. ¿Pero dónde está escrito que eso es lo que hay que hacer para crear algo que tenga importancia para el mundo?». Por aquellos días Dylan era un lector ecléctico que lo mismo se empapaba de los versos de François Villon, poeta francés del siglo XV, que se sumergía en la obra de Gregory Corso, una de las mejores plumas de la generación *beat*.

Pero Dylan no sólo bebe de las fuentes de la poesía, tanto clásica como moderna, sino que también comenzó extrayendo buena parte de su inspiración en las letras de los grandes clásicos del blues, tal y como cuenta en su libro de memorias, *Crónicas*, donde explica su aproximación a los temas de Robert Johnson, el mítico *bluesman* que, además de dejar para la posteridad la leyenda de su pacto con el diablo, en los años treinta grabó treinta y ocho temas de blues rural que conforman en buena medida la columna vertebral del género: «Copié las letras para examinar con detenimiento la construcción, la asociación libre que usaba, las luminosas alegorías, las verdades envueltas en la abstracción del sinsentido». Su profundo conocimiento de las letras de blues queda acreditado también en la versión de «See that My Grave Is Kept Clean», un tema original de Blind Lemon Jefferson, un pionero del blues rural fallecido en 1929, y el tema de homenaje «Blind Willie McTell», una versión del clásico de origen popular «St. James Infirmary Blues», que el viejo *bluesman* grabó en 1940 con Alan Lomax.

Pensadas para ser sólo canciones o creadas con intención de hacer poesía, la inmensa mayoría de las letras están escritas en función de la melodía. En la música, y de una forma especial en el rock & roll la poesía que puedan encerrar los textos siempre estará condicionada a un ritmo y sometida a unas reglas distintas que los versos destinados a la obra impresa o al acto del recitado. En este sentido, Luis Martín, en su libro *Bob Dylan*, recoge la reflexión que Bob hizo en septiembre de 1965, el año de sus primeras entrevistas epatantes de cara a la galería y de su transfuguismo al rock & roll para convertirse en ídolo de masa: «Yo no puedo definir esa palabra, poesía. Ni siquiera lo quiero intentar. Hubo un momento en que creía que Robert Frost era la poesía, en otros momentos pensé que Allen Ginsberg era la poesía, en alguna ocasión pensé que François Villon era la poesía, pero la poesía realmente no se reduce a las páginas escritas. Pero tampoco se trata de que crea que pueda decir "mira como camina esa chica. ¿No es una poesía?". Pero no voy a volverme loco con el tema. Las letras de las canciones quizá son un poco más raras que en la mayoría». Sin modestia, pero también sin ostentación, el cantante desmitifica su capacidad para convertir necesariamente en poesía todo lo que toca: «Encuentro que es fácil escribir canciones. Hace mucho tiempo que escribo canciones y las letras de las canciones no las escribo simplemente para cubrir el expediente, las escribo para que se puedan leer, ¿entiende? Si se le quita lo que es propio de la canción –el ritmo, la melodía– todavía las puedo recitar. Yo no veo nada malo en las canciones con las que no se puede hacer lo mismo, canciones en las que, si se les quita el ritmo y la melodía, no se tienen en pie».

Dylan y los beatniks

En el invierno de 1963 Dylan conoció a Allen Ginsberg, el poeta más destacado de la generación *beat*, por mediación del periodista Al Aronowitz. En un primer momento la reacción del escritor estuvo lejos del entusiasmo, tal y como recoge Howard Sounes en su biografía del músico: «Pensé que sólo era un cantante de folk y temí convertirme en su esclavo o algo por el estilo, en su mascota», afirmaba el poeta. Pero todo cambió después de presenciar un concierto del cantautor en Princeton. Ginsberg no sólo se convirtió en un incondicional de Bob, sino que cambió su manera de concebir su arte y empezó a pensar en convertirse él mismo en una estrella de la canción. Años más tarde el poeta afirmaría: «Al oírle pensé que un alma cogía la antorcha de América». De esta forma, la innegable influencia que Ginsberg y la generación *beat* tuvo su contrapartida en el poderoso influjo que Bob tuvo sobre el escritor, que desde entonces se convirtió en un seguidor incondicional del cantante, quien elevó paulatinamente el nivel de sus letras, que eran también verdaderos poemas tal y como sostiene Sounes en la obra anteriormente citada, al recoger las declaraciones de Lawrence Ferlinghetti, escritor y creador de la revista *City Lights Magazine*, donde publicaron numerosos *beatniks:* «Sus primeras canciones eran en verdad extensos poemas surrealistas. Pensé que era una pena que se convirtiese en un cantante folk con éxito. Podría haber llegado a ser un escritor muy interesante».

Gingsberg no sólo se convirtió en uno de los poetas favoritos de Dylan, sino que ambos acabaron forjando una amistad que los llevaría a colaborar en numerosas ocasiones a lo largo de sus vidas, como en la película *Don´t Look Back* o la gira *Rolling Thunder Revue Tour*, durante la que ambos visitaron la tumba de Jack Kerouac, un autor al que Dylan admiraba y a cuyo estilo literario estaba más próximo que al del propio Ginsberg. A pesar de esa admiración, el escritor más famoso de los escritores *beatniks* no tenía en gran consideración al cantante de Minnesota, ni en general a ninguno de los músicos del rock sesentero. Kerouac era fiel al jazz, la música que había alumbrado los inicios del movimiento *beat*, aunque curiosamente fuese el rock el que divulgase el imaginario cultural de dicho movimiento y Bob Dylan fue uno de los principales responsables de ello, tan y como en su momento reconoció el propio Ginsberg: "Cuando escuché «A Hard Rain´s A-Gonna Fall» me puse a llorar: parecía que el testigo había pasado de los poetas beat a las nuevas generaciones."

Allen Ginsberg, una de las figuras más destacadas de la generación beat y fiel admirador de la figura de Dylan.

La generación *beat* comenzó a diluirse rápidamente en la segunda mitad de los años sesenta y sus principales protagonistas se vieron arrastrados por los nuevos movimientos contraculturales que protagonizaron los hippies y la psicodelia, los panteras negras y el *black power*, los antibelicistas, las feministas, los apologistas de la revolución sexual, los gays o los nuevos izquierdistas que, en el caso europeo, protagonizaron el estallido de Mayo del 68. William Burroughs se codea envuelto en humo de hachís en Tánger con los Rolling Stones, Neal Cassady, el personaje *beatnik* por excelencia, muere en Guanajuato (México) en 1968, veinte meses antes de que Jack Kerouac sucumbiese al alcohol y el desencanto en un hospital de Florida y Ginsberg se debate entre convertirse en un poeta respetado o una estrella del rock. Los *beatniks* acabaron absorbidos por la cultura del rock & roll en la que a su vez dejaron una huella decisiva, no sólo en la obra de Bob Dylan, sino en la de otros artistas tan significativos como Janis Joplin, David Bowie o Van Morrison.

Los libros

Su primera, y en realidad única, incursión en lo que podríamos llamar literatura de ficción al margen de sus composiciones musicales, es *Tarántula*, una obra que, aunque a veces se la ha catalogado como una novela, en realidad sólo cabe ser etiquetada como literatura experimental. El libro fue escrito entre 1965 y 1966 y tiene una historia tan azarosa que casi resulta un milagro que haya acabado publicada negro sobre blanco. Comenzó a gestarse en 1963, mediante notas y fragmentos aislados. A principios del año siguiente Dylan firmó un precontrato con el editor neoyorquino Macmillan y en 1965 la revista *Sing Out* publicó un fragmento extraído de una teórica obra titulada *Walk Down Crooked Highway*, aunque por entonces también manejaba los títulos *Side One* y *Off the Record*, pero Dylan pronto comenzó a referirse públicamente a la obra con el nombre definitivo de *Tarántula* y dándola por acabada, algo que no sucedió realmente hasta 1966, cuando el cantante comenzó a corregir las galeradas durante la accidentada gira que le llevaría a Australia, Inglaterra, Suecia, Irlanda y Francia. Mientras recibía las hostiles críticas de un público que le acusaba de traicionar el espíritu del folk y la canción protesta, Bob se debatía en un mar de dudas respecto a la publicación o no de su libro. En estas circunstancias, tomó la visceral decisión de que la obra no viese la luz, pero a finales de los sesenta comenzaron a circular copias pirata del manuscrito original en bruto, lo que de alguna forma forzó a Dylan, que para entonces había superado su famoso accidente de moto, a cumplir su compromiso original con Macmillan y el libro llegó finalmente a las librerías en mayo de 1971.

La fórmula narrativa es la de monólogo interior moderno, conocida como flujo de consciencia o *stream of consciousness*, un término acuñado en 1890 por el psicólogo William James y que se caracteriza por el uso de una línea de pensamiento interno narrativo y la ausencia de signos de puntuación. Este método narrativo fue utilizado por James Joyce en su *Ulisses*, Marcel Proust en *En busca del tiempo perdido*, William Faulkner en *El ruido y la furia* o Samuel Beckett en *Molloy*, entre otros. Este estilo influyó poderosamente en las primeras obras de los autores de la generación *beat*, especialmente en *On the Road* de Jack Kerouac, *Yonqui* de William S. Burroughs y *Aullido* de Allen Ginsberg.

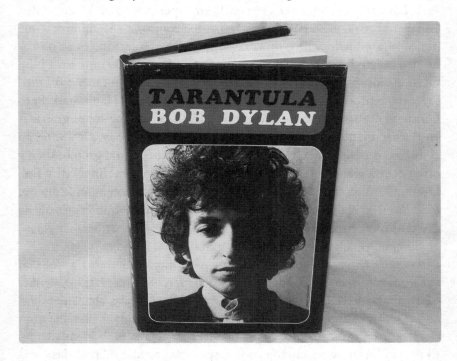

La recepción de la crítica no fue precisamente amable y la obra fue descrita como banal, indigesta, tediosa, petulante y totalmente carente de interés. Dylan fue acusado de cometer errores de principiante, como el uso excesivo de una ironía meramente estética, de insistir con juegos de palabras excesivamente previsibles que hipotecan y lastran las frases más inteligentes y de dejarse llevar por una narrativa excesivamente pretenciosa. Sintomáticamente, este estilo narrativo tan vituperado en el libro es el mismo que recibe elogios cuando es utilizado en la contraportada de discos como *Bringing It All Back Home* o *Highway 61 Revisited*, debido, según algunos estudiosos dylanólogos como Paul Williams, a su propio contexto: lo que fracasa en una narración larga, convence al público en los textos breves de la carpeta de un disco, un objeto de consumo en el que el oyente-lector trata de aproximarse al artista de una forma fácil y lúdica.

El fracaso editorial de *Tarántula* coincide curiosamente con la composición de «George Jackson», una magnífica canción con la que recupera su espíritu de denuncia contra el racismo y la injusticia, y también con la frustrada grabación en noviembre de 1971 del disco *Holy Soul, Jerry Roll (Electric Music Poetry Improvised)*, un experimento en el que Allen Ginsberg recita poemas mientras Dylan lo acompaña a la guitarra y que nunca será editado, entre otras cosas, por ser etiquetado como obsceno. En esa grabación ambos están acompañados por los músicos Philip Glass, Elliott Sharp, Lenny Kaye, Hal Willner, Marc Ribot y Arto Lindsay y de la producción se encargó el mismísimo John Hammond. Pero Ginsberg acabaría sacando partido de aquellas cuatro sesiones grabadas en Record Plant y en 1994 editó *Holy Soul, Jerry Roll. Songs & Poems*, en el que se recopilan aquellas grabaciones junto a textos del propio Allen y otros poetas *beat* como Michael McClure, Lawrence Ferlinghetti y Bob Dorough. Antes, en 1983, el poeta polifacético publicó un doble álbum, *First Blues*, en el que recupera tres canciones de aquella mítica jornada de 1971, «Vomit Express», «Going to San Diego» y «Jimmy Berman Rag», en las que Bob Dylan canta y toca la guitarra y el piano.

Tarántula tiene una conexión extra con el mundo literario, ya que su autor se inspiró en un poema de Federico García Lorca, *Las seis cuerdas*: «La guitarra hace llorar a los sueños / El sollozo de las almas perdidas / se escapa por su boca redonda. / Y como la tarántula, / teje una gran estrella / para cazar suspiros, / que flotan en su negro / aljibe de madera». El propio Dylan se encargaría años después de enredar un poco las cosas y añadir leña al fuego de la leyenda, afirmando que su antiguo mánager Albert Grossman negoció el acuerdo para publicar el libro sin que hubiese dado su pleno consentimiento y que él nunca estuvo satisfecho del todo con su resultado final, algo que también se encargó de difundir en los días en que todavía no estaba acabado: «Yo no escribo ahora a no ser que simplemente me suceda. Yo antes escribía por un montón de razones, estaba casi todo el tiempo en Nueva York, sabes, donde podías elegir casi donde querías que fuera realidad lo que escribías, ver quien lo estaba haciendo, y a continuación avanzar hasta donde no hubiera nadie haciendo nada y yo escribía eso. Pero ahora, ¿quién necesita seguir escribiendo ya esas cosas? ¡Todo el mundo las escribe ahora! (...) Se llama *Tarántula*».

Writings and Drawings, publicado en 1973, es quizá su obra más ambiciosa en cuanto a contenido literario. El libro recogía una selección de sus escritos, letras y dibujos entre los años 1961 y 1971. Fue el propio Bob quien se encargó de dicha selección, con un criterio muy personal que rescató más de sesenta canciones no publicadas en disco durante los mencionados años. También incluye los poemas «My Life in a Stolen Moment», un texto de carácter autobiográfico escrito en 1962, «Last Thoughts on Woody Guthrie», el homenaje a su ídolo del folk que recitó durante su primer concierto en el Town Hall de Nueva York en 1963, y «Advice for Geraldine on Her Miscellaneous Birthay», un poema en prosa publicado originalmente en el programa de mano del concierto del Philarmonic Hall en 1964. Además de dieciocho dibujos realizados por el cantante, el libro ofrece también el borrador original de «Subterranean Homesick Blues» y algunos otros proyectos de Dylan que no vieron la luz como canciones.

La obra en su conjunto ha merecido los elogios de los críticos y especialistas dylanianos como Paul Williams, que en su obra *Bob Dylan, años de juventud* la describe como un libro maravilloso que permite conocer mucho mejor a su autor, aunque también hace una severa crítica: «Lo que debería ser el texto de referencia normativo para las letras de las canciones de Dylan se ha revelado menos útil de lo que podría ser por el hecho de que las palabras de las canciones han sido ampliamente alteradas por el autor, y casi nunca para mejor". Sin embargo, la aparición de este libro fue eclipsada por la publicación de la banda sonora de *Pat Garret & Billy The Kid*, que incluye su enorme éxito «Knocking on Heaven's Door», por su enfrentamiento con la discográfica CBS y por la polémica sobre su sionismo en plena guerra entre árabes e israelíes. En 1985 se editó *Lyrics*, una edición ampliada de esta obra, en la que paradójicamente no aparecen algunos de los textos originales.

Su tercer libro en orden de importancia cronológica es *Crónicas Volumen 1*. La primera, y por el momento única, entrega de la autobiografía de Bob Dylan, publicada en octubre del 2004, está dividida en cinco capítulos y cronológicamente abarca desde el momento de su llegada a Nueva York hasta la publicación de su disco *Oh! Mercy* en 1989, aunque la obra acaba con un regreso a los orígenes para relatar su etapa universitaria en Minneapolis, justo antes de su salto definitivo a la vida bohemia de Greenwich Village y el comienzo de su vida artística. El libro se detiene en momentos poco estelares de la vida del artista de Minnesota, como su colaboración con el poeta modernista Archivald Maculéis, en 1969, en el intento de crear un musical *Catch*, a partir del relato *El diablo y Daniel Western*, de Stuart Ostro. De este proyecto, que nunca llegó a materializarse, salieron tres canciones, «Time Passes Slowly», «New Morning» y «Father of Night», que Dylan incluyó en su LP *New Morning*, editado en octubre de 1970 con un gran éxito entre la crítica especializada tras el estrepitoso fracaso de su álbum anterior, *Self Portrait*.

La obra tuvo una excepcional acogida por parte de la crítica especializada y el año de su aparición fue seleccionada como finalista del prestigioso premio National Book Critics Circle en el apartado de biografías. Sin embargo, todos los que esperaban morbosas revelaciones biográficas y la disipación de las eternas brumas que envuelven la vida del artista de Duluth quedaron un tanto defraudados. El tono del libro es menos cínico de lo que suele resultar habitual en el cantante y también más autocrítico, con una aparente franqueza y un inhabitual sentido del humor. Eso sí, el autor sigue sin despejar algunas de las incógnitas que rodean su biografía y que él mismo se ha encargado de sembrar en la mayoría de los casos. De todas formas sus trescientas páginas contienen las suficientes anécdotas, declaraciones inesperadas y revelaciones curiosas como para ser un inevitable libro de referencia para dylanitas y dylanólogos. La profusión de datos es tal que consigue apabullar al lector. Su emoción al escuchar por primera vez a Robert Johnson, su reiterada pleitesía por Woody Guthrie y Hank Williams, sus halagos al elenco de pioneros de Sun Records o el revelador conocimiento de raperos como Ice-T o Public Enemy, compensan de alguna manera su excesivamente prolija descripción de la grabación del disco *Oh Mercy*, o las impactantes, aunque un tanto gratuitas, declaraciones de admiración por artistas como Mickey Rourke. El mayor mérito del libro es la narrativa con la que el artista vuelca sus sentimientos y sensaciones íntimas, que consigue atrapar al lector en los entresijos más personales, como el momento de su primer encuentro con Joan Baez.

La esperada autobiografía de uno de los personajes sobre el que se han escrito más biografías es una obra amena, aunque un tanto confusa en su estructura, que no sólo no despeja todos los misterios, sino que incluso en algunas ocasiones contribuye a arrojar más combustible a la hoguera de las dudas. Unas dudas que los más optimistas esperan que despeje en el ansiado, y por el momento inexistente, segundo volumen.

En el año 2008 salió al mercado un nuevo libro firmado por Bob Dylan, *Hollywood Foto-Rhetoric: The Lost Manuscript*, un proyecto del fotógrafo Barry Feinstein que un par de años antes había localizado en sus archivos una serie de fotografías realizadas en Hollywood durante los años sesenta, junto a veintitrés poemas inéditos de su amigo Bob, a quien había fotografiado para la portada de su álbum *The Times They Are A-Changin*. Los versos, escritos en 1964, eran difícilmente entendibles sin el apoyo de las imágenes seleccionadas por Feinstein, que con su montaje dio una nueva vida a los textos del músico, plagados de metáforas imposibles, construcciones gramaticales inviables, juegos de palabras indescifrables, referencias literarias, guiños inverosímiles y textos de difícil clasificación, todo ello con una puntuación prácticamente aleatoria. Las imágenes en blanco y negro son verdaderas joyas de la época dorada de Hollywood, con imágenes de mitos como Marlene Dietrich, Judy Garland, Marlon Brando o Frank Sinatra, escenas del entierro de Gary Cooper, platós abandonados, aspirantes a actores y extras. Entre todos, destaca la piscina de Marilyn Monroe fotografiada el mismo día de su muerte. En definitiva, se trata de una lujosa obra fotográfica con unos textos que revelan a un Dylan en su faceta de poeta más genuinamente surrealista.

Se cierra este capítulo sobre la expresión literaria de Dylan en formato de libro con una incursión en el universo infantil. Aunque la intención inicial de Dylan no fuese su publicación como tal libro y él no haya intervenido directamente en su elaboración final, lo reseñamos aquí por su excepcionalidad.

Joven para siempre es una canción convertida en libro, una historia gráfica ilustrada por Paul Rogers. En 1974 Dylan escribió una canción dedicada a su hijo en la que le expresaba su cariño y sus deseos, con una letra inusitadamente tierna en el artista: «Que tengas siempre cosas que hacer / que tus pasos siempre sean rápidos / que tengas las cosas claras /

cuando corran vientos de cambio / Que tu corazón siempre esté alegre / que siempre te rían las gracias / Que siempre permanezcas joven». El propio autor explicaba así sus intenciones: "Escribí «Forever Young» en Tucson. La escribí pensando en uno de mis chicos y sin querer ser demasiado sentimental. Las frases me vinieron solas. Fueron escritas en un minuto, y así es como surgió la canción. Realmente no quería escribirla (buscaba algo diferente). La canción se escribió sola. Algunas canciones son así." Treinta y cuatro años después, el dibujante Paul Rogers ha dado una nueva vida a la obra ilustrándola con anécdotas y momentos de la vida del autor, acercándolo a un universo, el de los niños, que no suele ser el habitual en él.

Las letras

Dylan escribió o coescribió más de 230 canciones a lo largo de su vida. En sus letras utiliza todos los recursos a su alcance, que son muchos, con la absoluta liberalidad que le caracteriza. Desde el argot urbano de su Nueva York adoptivo, a las difícilmente descifrables estructuras procedentes del blues afroamericano, pasando por las métricas libres o las estructuras ortodoxas de las rimas poéticas. Sus primeras composiciones eran testimonios personales, narraciones lineales sin apenas alardes estilísticos. A partir de ahí construyó todo un universo lírico que abarca desde el surrealismo al alegato político y que se zambulle en muchas ocasiones en un estilo literario complejo y personal. Como botón de muestra vamos a destacar algunas de sus canciones, no necesariamente las mejores ni las más emblemáticas, sino las que nos permitan transitar por sus diferentes etapas, fuentes de inspiración y composiciones líricas.

«Talking New York» es el segundo tema de su primer LP, *Bob Dylan*, editado en 1962, y uno de los más claros ejemplos de las composiciones del Dylan de los primeros tiempos, con letras directas, incluso un tanto lineales, que cuentan los avatares de sus primeros meses en Nueva York, con sus penurias, sus amistades y su lucha por hacerse un hueco en el panorama de la bohemia musical: «Con mi vieja guitarra en bandolera / Me acomodé en un vagón de metro / Y dando unos tumbos de muerte / Aterricé en el downtown / Greenwich Village / Di una vuelta y acabé / En uno de los cafés del barrio / Salté al escenario para tocar y cantar / Un tipo me dijo "Vuelve otro día / Cantas como un patán / Y aquí queremos cantantes de folk" / Conseguí trabajo con mi armónica y empecé a tocar

/ Echaba el bofe por un dólar al día / Soplaba a rabiar, como una fiera / El tipo del sitio dijo que le encantaba mi música / Estaba entusiasmado con mi música / Por un dólar al día».

«Song to Woody» es un puro y duro homenaje a su ídolo y maestro Woody Guthrie y de paso a todos sus mitos del folk y el blues: «¡Hey, hey, Woody Guthrie! te he escrito una canción / Sobre un viejo mundo extraño que no deja de avanzar / Que parece enfermo y está hambriento, cansado, hecho jirones / Que parece que se muere y apenas ha nacido (...) Va también por Cisco y por Sonny y Por Leadbelly / Y por toda la buena gente que viajó a tu lado / Va por los corazones y las manos de los hombres / Que vienen con el polvo y se van con el viento». La canción se inspira en un tema del propio Woody Guthrie, «1913 Massacre», y fue publicada en 1962 en el primer álbum del autor, *Bob Dylan*.

«Ballad in Plain D» es un inhabitual ajuste de cuentas a terceros. Un poeta tiene que tener su inevitable canción de desamor y fracaso sentimental y Dylan tiene varias. Quizá una de las más destacadas sea «It Ain't Me Babe», inspirada por su ex novia Suze Rotolo, la misma que motivó una canción en la que el desamor se une al ajuste de cuentas con Carol, la odiada hermana de Suze, coprotagonista de «Ballad in Plain D», una bella composición en la que el despecho se mezcla con el arrepentimiento, todo el servicio de la lírica: «De las dos hermanas, yo amaba a la menor / con instintos sensibles, era ella la creativa / Siempre chivo expiatorio, fácilmente anulada / Por los celos de quienes la rodeaban / Por su hermana parásita yo no sentía respeto / Atada a su tedio amparaba su orgullo, aburrida / Reflejaba de la otra incontables visiones / Como muleta para sus escenas y su mundo / Lo que yo hice no puede excusarse / Los trastornos de mi vida no disculpan / Las mentiras que conté con la esperanza de no perder / Al gran amor de mis sueños». Es la canción más larga, dura nada menos que ocho minutos, del LP *Another Side of Bob Dylan*, de 1964, y nunca fue interpretada en directo. Dylan admitió años después de componerlo que no estaba precisamente orgulloso de este tema.

«Visions of Johanna» es para muchos la mejor letra de canción de la historia, gracias a versos como éstos: «En el solar donde las damas juegan a la gallina ciega con el llavero / Y las mujeres de la noche murmuran sobre escapadas en la línea D / Podemos oír al sereno encender su linterna / Se pregunta si es él o son ellas las locas / Louise está bien, está cerca / Es delicada y se parece al espejo / Pero deja concisamente claro / Que Johanna no está aquí / El fantasma de la electricidad aúlla en los huesos de su rostro / Donde estas visiones de Johanna ya ocupan mi lugar». Editada en 1966 en su álbum *Blonde on Blonde*, figura en el puesto 404 de las 500 mejores canciones de todos los tiempos según la revista *Rolling Stone*. Sobre su título circulan decenas de teorías, desde que está inspirado en el poema *On the Virginity of the Virgin Mary & Johanna Southcott*, del artista británico del siglo XVII William Blake, hasta que el tema está simplemente dedicado a Joan Baez.

«Gates of Eden» está considerada junto a «Mr. Tambourine Man» y «It's Alright Ma (I'm Only Bleeding)» -las tres incluidas en el disco *Bringing It All Back Home*- como sus letras más surrealistas, algo destacable en un autor que no se caracteriza precisamente por la simplicidad lineal de sus letras y la obviedad de sus conceptos, como se puede apreciar en estas estrofas: «La negra virgen motorista / Reina gitana sobre dos ruedas / Y su fantasma tachonado de plata / Hacen aullar al enano de franela gris / Mientras llora a las siniestras rapaces / Que picotean sus miserables pecados / Y no hay pecados tras las puertas del edén».

«Chimes of Freedom» es una de sus canciones más aclamadas y una de las de mayor contenido poético, a decir de quienes avalan su faceta de escritor. Incluida en *Another Side of Bob Dylan*, el LP editado en agosto de 1964, forma parte indisoluble de la faceta más militante de su autor, de su pedigrí como autor protesta y poeta comprometido con las causas justas, ya sean ganadas o perdidas. Millones de personas de todas partes del planeta han coreado sus versos: «Allá, entre el final del ocaso y el quebrado toque de la medianoche / Nos cobijamos en el portal bajo el fragor de los truenos / Un grandioso arrebato de centellas disparaba sombras al estruendo / Como campanas de libertad que destellan / Destellan por los guerreros cuya fuerza no es la lucha / Destellan por los refugiados en el inerme camino del exilio / Por cada mísero soldado perdido en la noche / Y contemplamos las radiantes campanas de libertad». Cantantes de todo tipo y condición han interpretado alguna vez este emblemático tema, desde Joan Baez a Bruce Springsteen, pasando por The Byrds.

«Desolation Row» ha sido traducida habitualmente al castellano como 'La calle de la desolación', aunque en realidad debiera ser pasaje o callejón de la desolación, que la define perfectamente. Es una canción de título poético que incluye referencias a los más variopintos lugares comunes de la cultura occidental con el estilo de la generación *Beat*. Profundidad, intención y oscurantismo a partes iguales: «El doctor Mugre guarda su mundo / En una taza de cuero / Que sus asexuados pacientes / Intentan reventar / Su enfermera, una perdedora local / Cuida el agujero del cianuro / Y guarda las tarjetas que rezan / 'ten piedad de su alma' / Todos tocan sus flautines / Puedes oírlos sonar / Si te asomas lo suficiente / Al Pasaje de la Desolación (...) Loado sea el Neptuno de Nerón / El Titanic zarpa al alba / Y el mundo grita: / '¿De qué lado estás tú?' / Ezra Pound y T.S. Eliot / Se pelean en el puente de mando / Mientras cantantes de calipso se ríen de ellos / Y pescadores cuelgan flores / entre las ventanas del mar / Donde se deslizan deliciosas sirenas / Y nadie debe de pensar mucho / En el Pasaje de la Desolación». Un recorrido de once minutos y medio por la oscura senda de la derrota, incluido en el disco *Highway 61 Revisited*.

«Tombstone Blues», publicada en 1965 en el disco *Highway 61 Revisited*, está considerado como uno de los temas más significativos de su período surrealista, con una letra en la que destacad una mención al caballo de Paul Revere en la que muchos estudiosos han querido ver un homenaje al poema *The Landlord's Tale: Paul Revere s Ride* de Henry Wadsworth Longfellow, un escritor muy popular en los Estados Unidos a mediados del siglo XIX. Esta alusión poética se entremezcla además con alusiones a la reina bandida de Misouri, una malvada reina bíblica, y al asesino más famoso de todos los tiempos: «Las dulces criaturas están desde luego en la cama / Los próceres del lugar intentan promover / La reencarnación del caballo de Paul Revere / Pero la ciudad no debe alarmarse / El espectro de Belle Star entrega su caletre / A la monja Jezabel que teje con violencia / Una peluca calva para Jack el Destripador / Que preside sentado la cámara de comercio».

«I Want You» es una balada de aires románticos que llegó en pocos días al número veinte del *Billboard* y fue utilizada para el lanzamiento del LP *Blonde on Blonde*, de 1966, uno de los discos más intrincados del autor y el primer álbum doble de la historia del rock. El misterio y el romanticismo son la tónica que expresan sus estrofas: «Regreso a la reina de picas / Y converso con mi camarera / Sabe que no temo mirarla / Ella es buena conmigo / Y no hay nada que no vea / Sabe donde quisiera estar / Pero eso no importa / Te quiero, te quiero / Te quiero tanto / Cariño, te quiero». Ante la ruptura que marcaba con la mayoría de sus composiciones anteriores, Dylan dijo sobre esta canción que no era mucho más que una construcción de palabras bonitas para una melodía, que era una canción con alma en la que el sonido expresaba perfectamente lo que quería decir. La leyenda cuenta que el tema está dedicado a Anita Pallenberg, que por entonces era la novia de Brian Jones, el bajista de The Rolling Stones.

«Tangled Up in Blue», del disco *Blood on the Tracks*, de 1975, ha sido situada por la revista *Rolling Stone* entre las setenta mejores canciones de todos los tiempos y su letra ha sido comparada incluso con los textos de Marcel Proust. Es una composición intimista, que oscila entre la experiencia vital personal y el desamor, una canción que, según el propio autor «encierra el pasado, el presente y el futuro en la misma habitación» y que culmina en un apoteósico final: «Así que vuelvo a las andadas / De algún modo debo dar con ella / Las personas que frecuentábamos / Ahora me parecen una ilusión / Unos son matemáticos / Otras esposas de carpinteros / No sé cómo empezó todo / No sé qué harán con sus vidas / Pero yo, yo sigo adelante / En busca de otro tugurio / Siempre sentíamos lo mismo / Pero no lo veíamos igual / Enredados en la tristeza».

«Like a Rolling Stone» es la canción más universal de Dylan y la más rupturista. Su letra se basa en un poema, definido por el propio autor como un vómito de cincuenta páginas, que el cantante escribió a principios del verano de 1965, tras su gira por Inglaterra, y que supone un antes y un después no sólo en la historia y trayectoria del propio Dylan, sino del mismo rock & roll. Sobre el significado de su letra se ha especulado hasta la saciedad. Una historia de caída en desgracia de alguien que está en la cumbre, la azarosa aventura de Miss Lonely, la chica solitaria, aburrida de su vida fácil, que se ve arrastrada a la cruda realidad del lado oscuro de la vida. Una visión a la vez compasiva y sañuda, quizá una versión en femenino de un Dylan desorientado, a punto de abandonarlo todo, de echarlo todo a rodar: «Hubo una época en la cual te vestías muy bien / arrojabas una moneda a los vagos, en tu plenitud / ¿No es verdad? / La gente te advertía: "Ten cuidado, muñeca, puedes caer" / pero tú pensabas que todos ellos estaban bromeando / Acostumbrabas a reírte / de todos aquellos que andaban por ahí / ahora ya no hablas tan alto / ahora no pareces tan orgullosa / de tener que mendigar tu siguiente comida (...) ¿No es duro cuando descubres / que él no estaba donde debía estar / después de que te robó todo lo que pudo? / ¿Cómo te sientes? / ¿Cómo te sientes? / Depender sólo de ti / sin un rumbo determinado / como una completa desconocida / como una piedra rodante.» Es el tema estrella del disco *Highway 61 Revisited*, de 1965, y la revista *Rolling Stone* la considera como la mejor canción pop rock de todos los tiempos.

A pesar de su prolífica obra y su reconocida calidad como letrista, Dylan no se ha librado de las acusaciones de plagio. La primera se remonta a finales de 1962, cuando un estudiante llamado Lorre Wyath, miembro de una banda llamada El Octeto Milburnaires, afirma que la letra de canción «Blowin' in the Wind» es suya. Tardaría doce años en retractarse y reconocer que se traba de una falsedad. La más reciente fue la de su álbum *Love and Theft*, en cuyas letras se le acusó de plagiar textos del *Confessions of a Yakuza* del escritor japonés Junichi Saga. Dylan respondió desdeñosamente a sus acusadores, aconsejándoles que dejasen de escrutar con lupa todo lo que hacía y que viviesen su propia vida, mientras que el escritor nipón se limitó a decir que en cualquier caso se sentía muy honrado y obvió la acusación de plagio. Algo similar sucedió en 2003 con el álbum *Modern Times*, en el que los periodistas del *New York Times* encontraron similitudes con las letras del poeta Henry Timrod, un escritor escasamente conocido de mediados del siglo XIX que había destacado sobre todo por su militancia en favor de la Confederación durante la Guerra de Secesión. La historia volvió a repetirse en el 2006 con el tema «Rollin' and Tumblin», un viejo blues de Hambone Willie Newbern, popularizado, entre otros, por Muddy Waters, cuya autoría no acreditó el de Duluth. Dylan respondió en todos los casos con una argumentación difícil de rebatir, afirmando que una cosa es el plagio y otra la inspiración en ciertas lecturas y que la transmisión de estructuras y conceptos de unas canciones a otras es una larga tradición en la música folk y blues, dos géneros populares que hunden sus raíces en la transmisión oral, sobre todo hasta bien entrados los años treinta del siglo XX, cuando los intérpretes se limitaban a reinterpretar una canción que habían escuchado a otro músico callejero y cambiaban su letra en todo o en parte. Lo cierto es que, polémicas aparte, Dylan es un músico que ha bebido de muchas fuentes pero que probblemente ha sido bastante más imitado que imitador.

3. Político controvertido

Las primeras influencias

El 7 de febrero de 2012, el sello Universal publica *Chimes of Freedom.
The Songs of Bob Dylan*, un álbum en el que artistas como Elvis Costello,
Mark Knopfler, Sting, Patti Smith, Pete Townshend, Diana Krall, Adele
o Miley Cyrus, por citar sólo a algunas de las ochenta estrellas de la canción de los más variados estilos, interpretan setenta y cinco canciones de
Dylan para celebrar el 50 Aniversario de Amnistía Internacional. A sus
setenta años, Dylan intervino aportando su grabación del tema que da
título al álbum, «Chimes of Freedom», registrada originalmente en el
verano de 1964, justo un año después de la Marcha sobre Washington en
la que cerca de trescientas mil personas escucharon el discurso del Doctor Martin Luther King, *I Have a Dream* (Tengo un sueño) y en el que
Dylan actuó, encarnando junto a Joan Baez, Peter, Paul & Mary, Marlon
Brandon, Burt Lancaster y otros muchos, la voz y el rostro de la Norteamérica blanca que luchaba por los derechos de los negros. Ese momento
marcaría públicamente el cenit de su compromiso social y también el
comienzo del sobrepeso que sobre el músico de Minnesota ejercía su
papel de abanderado de causas justas. El mismo año que se publica la
canción «Chimes of Freedom» (Campanadas de libertad), Dylan confiesa en público y en privado que está cansado de ese papel y que ya no
está interesado en la política. Seguirá sosteniéndolo toda la vida, tratando de convencer a propios y extraños de que esa etapa de concienciado
se había acabado, sin demasiado éxito, como se ha podido comprobar
concierto a concierto, cuando el público, a pesar del paso de las décadas,
sigue emocionándose con canciones que asocia con la libertad, la justicia
o la protesta contra la guerra, heredada de la oposición a la intervención
norteamericana en la Guerra del Vietnam, que por cierto, comienza por
aquellos días de 1964, tras el llamado 'Incidente de Tonkín', el ataque de

fuerzas de Vietnam del Norte con la Marina de los Estados Unidos, que le dio al presidente Lyndon B. Johnson la excusa perfecta para la intervención masiva estadounidense.

Pero mucho ha llovido desde entonces y Dylan ha pasado más de cuarenta años dando bandazos en sus declaraciones públicas, renegando a menudo de la imagen con la que comenzó a hacerse conocido, tras la estela de los viejos cantantes reivindicativos, como Wood Guthrie o el propio Pete Seeger, que a sus noventa y dos años aún llegó a tiempo de participar en aquel doble homenaje de Amnistía Internacional a la lucha por los derechos humanos y a la trayectoria de su aventajado heredero. A Bob Dylan ninguno de los grandes temas de la segunda mitad del siglo XX le fue ajeno: la lucha por los derechos civiles de los afroamericanos, la Guerra del Vietnam, la escalada nuclear, los derechos humanos o el conflicto árabe-israelí, o al menos eso es lo que siempre le ha rodeado en crónicas y artículos, a pesar de que él casi nunca alardeó de ser el portavoz de nada y pronto comenzó a cansarse de su obligado papel de portavoz de la conciencia generacional de los sesenta. En realidad, su papel de adalid de la canción protesta no pasó de sus primeros años en el Greenwich Village neoyorquino y a mediados de los sesenta ya se deslizaba hacia los caminos del rock y el pop. Desde entonces, su peculiar recorrido personal y su actitud taciturna y poco dada a los conformismos han sido demasiadas veces confundidos con una rebeldía política y social que habitualmente no ha ido más allá del indomable individualismo, una rebeldía que surgió hace setenta y cinco años en un rincón de la Norteamérica profunda.

Dylan creció rodeado por un ambiente proletario, provinciano y un tanto rígido y depresivo socialmente. Hibbing, la ciudad a la que se trasladó su familia cuando él tenía seis años, después de que su padre contrajese poliomielitis, era una próspera localidad minera que durante la Segunda Guerra Mundial había contribuido a la industria bélica de forma decisiva, creando puestos de trabajo que desaparecieron al acabar el conflicto dejando miles de desempleados y los años cincuenta supusieron un período de crisis, aunque siguió siendo una ciudad con mejor nivel de vida que la media del país. A pesar de que el negocio familiar, Micka Electric (una tienda de herramientas y electrodomésticos propiedad de la familia de su madre), le permitió crecer sin especiales agobios económicos, Bob pasó los últimos días de su infancia rodeado de personas obligadas a empeñar sus escasas pertenencias para sobrevivir, de refugiados que llegaban buscando un trabajo en la Hull–Rust–Mahoning Open Pit Iron Mine, la mayor mina de hierro a cielo abierto del país, que no podía absorber tanta mano de obra y eran engullidos por las colas del paro y de las sociedades de caridad. Hibbing albergaba también potentes organizaciones sindicales y había vivido fuertes conflictos laborales durante los años treinta y cuarenta. Buena prueba de ese ambiente de agitación social era Gus Hall, el líder del CUPSA, el Partido Comunista de Estados Unidos, en los años de adolescencia de Dylan, que había nacido en la ciudad a principios de siglo. Era inevitable que ese ambiente proletario flotase de una u otra forma en torno a Bob, mientras él se convertía en un adolescente de la *American Way of Life*, el eslogan oficial del país de los grandes coches, las enormes neveras, los primeros televisores y los comienzos de la sociedad de consumo. A finales de los cuarenta su familia se instala en una cómoda casa unifamiliar de clase media y Bob se convierte en un niño privilegiado que se ve sacudida por las huelgas para exigir mejoras laborales. En 1952, cuando Bob tenía once años, Hibbing se vio afectada por una larga huelga en la que la población local se volcó en apoyo de los mineros que lograron sus objetivos y la población volvió a entrar en una época de prosperidad que para la familia Zimmerman se materializó en la compra de un piano y un aparato de televisión, uno de los primeros de su vecindario. El pequeño Bob comenzó a trabajar en la tienda familiar, pero él prefería zascandilear por los barrios de la periferia y las tiendas del centro en compañía de su amigo John Bucklen, con quien compartía sus incipientes gustos musicales por el country, el blues y la música de raíces en general. También comenzó a sentirse atraído por los jóvenes rebeldes como el Marlon Brandon de la película *Salvaje (The Wild One)*, el taciturno James Dean de *Rebelde sin causa* o los estudiantes díscolos de *Semilla de maldad (Blackboard Jungle)*, el film donde, como tantos otros millones de jóvenes en el mundo, escuchó por primera vez el «Rock Around The Clock» de Bill Haley, que cambiaría para siempre sus gustos musicales y su vida. Las chicas, su Ford descapotable, su Harley Davidson y la música rock llenaron sus días adolescentes, pero aquel chico buscaba algo más y se sumergió en la poesía de Dylan Thomas, en la literatura de John Steinbeck, el autor de *Las uvas de la ira*, una novela que retrata los injustos años de la Gran Depresión, y las letras de las canciones folk que hablaban de las penalidades de la vida y el trabajo. En 1959, a los dieciocho años, llegó a la universidad y se sumergió en el ambiente de la bohemia de Minneapolis. El mundo estaba comenzando a cambiar vertiginosamente: en Cuba triunfa la revolución castrista, los Estados Unidos y la URSS trasladan su Guerra Fría a la conquista del espacio, Mao Zedong se entroniza como el Gran Timonel de la República Popular China y el Papa Juan XXIII convoca el Concilio Vaticano II, que transformará la Iglesia Católica. La América de Dylan también se está transformando y en su entorno intelectual comienzan a imperar los *hipsters* y los *beatniks*, los jóvenes contestatarios que leen poemas de Allen Ginsberg, los inclasificables libros de William Burroughs y las novelas de Jack Kerouac, especialmente la recientemente publicada *On the Road*, que ponen en entredicho el edulcorado sueño americano. Una de las más populares personalidades del ambiente *beatnik* de Dinkytown -el barrio bohemio de Minneapolis- era la intelectual de origen judío Tova Hammerman, que junto a su novio Lynn Castner acogía a los músicos jóvenes de la ciudad en unas reuniones en las que imperaban la música folk y las charlas políticas, en las que Bob apenas intervenía, pero que seguía vivamente interesado a pesar de que nunca se implicaba. Dylan también decide emular a Neal Cassady, el *hipster* aventurero que inspiró la novela *On the Road* y se convirtió en icono de la generación *beat*, comienza a viajar y trabaja una corta temporada en Central City, Colorado.

A mediados de 1960 y gracias a la influencia de su amigo Dave Whitaker, voraz lector, intelectual izquierdista y amigo de miembros de la generación beat, Dylan descubre a Woody Guthrie mediante la lectura de su libro autobiográfico *Bound for Glory*, en el que el padre de la canción protesta y autor de la canción de «This Land Is Your Land», que se haría universalmente famosa en la voz de Bob, relata sus experiencias como músico vagabundo viajando por los Estados Unidos de la Gran Depresión. En sus páginas, el inquieto muchacho de Minnesota encontró la injusticia padecida por los más desfavorecidos durante los años que siguieron al crack económico de 1929, la miseria de los campamentos de los desheredados que habían sido expulsados de sus tierras por el *Dust Bowl*, la gran sequía que había asolado su país durante los años treinta, provocando la emigración forzada de millones de personas, obligadas a vagar en busca de un trabajo inexistente, acosadas por las fuerzas del orden y los matones al servicio de los grandes terratenientes.

A finales de año, Bob se pone en contacto por teléfono con el Hospital Greystoke Plains, de New Jersey, donde Woody Guthrie lleva casi cinco años hospitalizado a causa de la enfermedad de Huntington, un trastorno neuronal degenerativo que está acabando con su vida. Al enterarse de

la situación real, el joven cantante decide conocer a su ídolo antes de que
sea demasiado tarde. Tras visitar a su familia para anunciarles que dejaba
la universidad y deambular una corta temporada por Chicago y Madison
(Wisconsin), Dylan llega a Nueva York en medio de un invierno especialmente crudo.

El 29 de enero de 1961 Dylan conoce por fin a Guthrie, cinco días después de su llegada a la gran manzana. El encuentro se produjo en casa de
los Gleason, unos amigos de Guthrie que vivían cerca del hospital y que
los domingos lo acogían en su casa para que pudiera recibir visitas con
mayor comodidad. Bob y Sidsel Gleason acogieron durante unos días a
un Bob que no tenía un centavo ni dónde guarecerse en aquel invierno
hostil. Son tiempos vertiginosos, días en los que las noticias impactantes se suceden sin tregua. Comienza la crisis diplomática con Cuba, con
la que el presidente Eisenhower rompe relaciones diplomáticas, en una
de sus últimas decisiones y tras la exigencia de Fidel Castro de reducir
drásticamente el personal de la embajada norteamericana en La Habana.
Un accidente durante las pruebas de un reactor nuclear en Idaho mata
a tres técnicos, mientras en distintos puntos del planeta se producen incidentes con aviones y submarinos nucleares de uno u otro bando. El 6
de enero, John F. Kennedy es elegido trigésimo quinto presidente de
los Estados Unidos y cinco días después la Universidad de Georgia se
ve forzada por ley a admitir a los primeros estudiantes afroamericanos.
El día 20, Kennedy jura su cargo, el 27 Leontyne Price se convierte en
la primera afroamericana que actúa en el Metropolitan Opera House de
Nueva York y el 28 Malcom X tiene una surrealista entrevista con líderes
del Ku Klux Klan para tratar de alcanzar una acuerdo para la creación de
una sociedad completamente segregada con estados sólo para blancos o
negros, mientras desde Hanoi llegan noticias del avance del Viet Cong
y Kennedy aprueba un plan de ayuda al gobierno de Vietnam del Sur.
En medio de aquel ambiente, Bob visita con regularidad al moribundo
maestro del folk. El viejo luchador era un hombre acabado que apenas
podía valerse por sí mismo, había perdido el equilibrio, la capacidad de
tocar la guitarra y escribir e incluso tenía problemas para mantener una
conversación inteligible. El joven Dylan era uno más de los aspirantes a
cantantes folk que visitaban a Woody, como Phil Ochs, John Cohen o
Peter La Farge, además de veteranos como Pete Seeger, pero el magne-
tismo natural y la imagen de chico apaleado por la vida que proyectaba el
de Minnesota le convertían en el aspirante ideal a sucesor de Guthrie, un

empeño en el que dio un salto adelante cuando compuso «Song to Woody», una canción en la que no sólo homenajeaba a Guthrie sino a todo el universo de veteranos *bluesmen* y *folk singers* como Leadbelly, Sonny Terry, Ramblin' Jack Elliott o Cisco Kid, quien por cierto fallecería esa primavera de 1961. La canción era una adaptación de «1913 Massacre», un tema grabado veinte años antes por Guthrie en el que rememora la tragedia del día de Nochebuena de 1913 en Calumet (Michigan) en la que fallecieron setenta y tres personas, en su mayoría mineros en huelga y sus familias.

El autor protesta

Escrita en cinco minutos en un drugstore de la Calle 8, una fría tarde de domingo del invierno de 1960, «Song to Woody» fue una de las primeras composiciones propias de Dylan y una de las canciones con las que se comenzó a hacer popular en los circuitos de Greenwich Village neoyorquino, que por aquellos días era un hervidero de jóvenes con inquietudes intelectuales, contestatarios e izquierdistas del más diverso signo: Tom Paxton, Dave Van Ronk, Mark Spoelstra, los hermanos Clancy, Carolyn Hester o Jack Elliot, con quienes comparte noches de marihuana y largas charlas en las que los asuntos políticos siempre están presentes. Son las veladas conocidas como *hootenanny*, que se celebran en locales como el Gerde's Folk City, el Gaslight o el Cafe Wha?

En noviembre de 1961 graba su primer álbum, *Bob Dylan*, que saldrá al mercado cinco meses después sin suscitar prácticamente ningún interés entre el público, aunque capta la atención de algún periodista del *Village Voice*, siempre atentos a las novedades de la Gran Manzana. Todos los temas son versiones de viejas canciones folk, excepto la mencionada «Song to Woody» y «Talkin' New York», un relato humorístico de sus primeros días en la ciudad de los rascacielos. Es esta capacidad de Dylan para escribir sus propias letras la que le empieza a diferenciar de sus compañeros y lo que acabaría colgándole el eterno sambenito de adalid de la canción protesta. Irrumpió en la escena musical neoyorquina en 1961 con un desparpajo y una osadía superior a la de los cantautores que le rodeaban, todos más ideologizados pero más circunspectos y menos audaces. Eran casi todos producto de una generación de posguerra que se había criado sin las privaciones de sus padres, que habían sufrido en propia piel la Gran Depresión y la sangría de la Segunda Guerra Mundial, que habían vivido la explosión creativa del rock & roll y su inmediata domesticación por la industria del ocio. Eran los hijos del desencanto que se arrojaban en brazos de la contracultura para dar un nuevo horizonte a sus vidas, en un país en el que la viejas normas sociales, raciales y económicas empezaban a ser un corsé asfixiante. Dylan vendría a demostrar que desafiando el *status quo*, levantando la bandera del inconformismo, también se podía triunfar en el mundo de la cultura y el negocio musical.

En enero de 1962, Bob se instala en un apartamento de West 4th Street con su novia Suze Rotolo, hija de dos miembros del partido comunista y chica ideologizada que influyó en las primeras composiciones de Dylan, a decir de él mismo, que reconocía que le consultaba las letras de sus canciones, especialmente las que acabarían integrando su segundo álbum, *The Freewheelin' Bob Dylan*, que comenzaría a grabar en la primavera de aquel año. Suze espolea el adormecido espíritu político de Bob con su activismo en grupos como el Congreso por la Igualdad Racial, los grupos feministas o los movimientos antinucleares. Para el joven provinciano de Minnesota el racismo era una realidad ajena, algo incomprensible para un chico que había crecido escuchando a los viejos bluesmen afroamericanos y que no alcanzaba a entender las diferencias sociales en función del color de la piel. El resto de cuestiones eran una novedad a la que se fue aproximando a través de sus nuevos amigos de la bohemia neoyorquina y, sobre todo, de su adorada e inquieta novia.

Por esos días compone «The Death of Emmett Till», considerada por muchos su primera canción protesta, que hablaba del asesinato de un adolescente negro de catorce años -Emmett Till- a manos de dos blancos, en agosto de 1955. Emmett era de Chicago y fue acusado de coquetear con una mujer blanca durante una visita a Money, un pequeño pueblo de Mississippi donde vivía parte de su familia. Ignorante de la brutal barrera de segregación racial entre blancos y negros en el profundo sur de los Estados Unidos, Emmett se dirigió con excesiva naturalidad a la mujer que atendía la tienda de Roy Bryant, su esposa Carolyn, que fue presa de la histeria y acusó públicamente al joven negro de habérsele insinuado. Tres días después fue linchado a golpes en un granero por Roy Bryant y su hermanastro, John William Millam, que tras una farsa de juicio y tras una deliberación que duró menos de una hora, fueron absueltos por el jurado. Emmett Hill se convirtió en un icono de la lucha por los derechos de la comunidad afroamericana. Cincuenta mil personas asistieron a su funeral en Chicago, los escritores Langston Hughes y William Faulkner le dedicaron poemas y ensayos y la foto de su cadáver desfigurado por los golpes levantó una oleada de indignación que se revivió cuando la canción fue emitida por la emisora de radio WGES, de Illinois, siete años después.

Emmett Till fue asesinado en Mississippi a la edad de 14 años, después de que según los informes, coqueteara con una mujer blanca.

Casi al mismo tiempo, en febrero de 1962, aparece el primer número de *Broadside*, una revista fundada por Pete Seeger, Agnes 'Sis' Cunningham y Gil Turner, que pretendían dar a conocer las canciones más militantes y comprometidas que estaban componiendo jóvenes promesas como el propio Bob, que publica en ese primer número la letra de «Talkin' John Birch Paranoid Blues», un blues hablado o *rapeado* al viejo estilo, que criticaba la fiebre anticomunista y que se convertiría en su primera gran polémica pública al ser censurado en el *Show de Ed Sullivan*. En el número de mayo la revista publicaría la letra de «Blowin' in the Wind», compuesta aquella fructífera primavera y llamada a convertirse en un himno para la generación de los años sesenta que repetiría como un mantra sus versos iniciales: «¿Cuántos caminos debe recorrer un hombre / Antes de que lo llaméis hombre? / ¿Y cuántos mares debe surcar una blanca paloma / Antes de dormir sobre la arena? / ¿Y cuántas veces deben silbar las bombas / Antes de ser prohibidas para siempre? (...) ¿Cuántos años ha de vivir cierta gente / Hasta que se le permita ser libre? / ¿Cuántas veces puede un hombre volver la mirada / fingiendo que no ha visto nada? / La respuesta, amigo mío, vuela con el viento / La respuesta vuela con el viento».

En los meses siguientes Bob seguirá publicando en *Broadside* las letras de sus canciones todavía inéditas, muchas veces acompañadas por sus dibujos o los de su novia Suze Rotolo. Son canciones que suponen un aldabonazo en la conciencia de la consumista sociedad norteamericana. Se zambulle en una fiebre compositora de letras con contenido contestatario, como «Let Me Die in My Footsteps», un tema que habla de la absurda fiebre de construir refugios nucleares durante la Guerra Fría, o «Ballad of Donald White», una canción sobre un delincuente, un inadaptado convertido en carne de horca que al final se pregunta: «Sólo me pegunto qué os he contado en verdad / Sobre todos los muchachos que por mi sendero van / ¿son de este mundo enemigos / O víctimas de vuestro mal?».

En su segundo disco, Dylan destapa sus inquietudes y compromisos con la sociedad que le ha tocado vivir, denunciando la crisis de valores que vive su país, las políticas de segregación racial, las situaciones de marginación y pobreza, la injusticia de la administración, la actitud belicista de los gobiernos y el machismo generalizado. *The Freewheelin' Bob Dylan*, publicado en mayo de 1963, es un LP repleto de canciones propias en las que la crítica aguda aflora en temas como «Masters of War», un mensaje que se convierte en un dedo acusador dirigido a los señores de la guerra, a los fabricantes de armas y los traficantes de muerte: «Vosotros montáis los gatillos / Para que otros disparen / Luego retrocedéis para ver / Como crece la cuenta de los muertos / Os escondéis en vuestras mansiones / Mientras la sangre de los jóvenes / Mana de sus cuerpos / Y queda sepultada en el fango». El de Duluth no ahorra desprecio ni escatima condena: «Habéis propagado el peor de los miedos / Que jamás se pueda sembrar / El miedo a traer hijos al mundo / Por haber amenazado a mi niño / Que no ha nacido ni tiene nombre / Vosotros no valéis ni la sangre / Que corre por vuestras venas».

El disco contiene desde canciones que cuestionan la moral tradicional, como «Don't Think Twice It's All Right», hasta apocalípticas como «Talkin' World War III Blues» o «A Hard Rain's a-Gonna Fall», una canción basada en una balada folk, «Lord Randal», que hace referencia al apocalipsis nuclear, lo que le facilitó posteriormente su popularización durante la llamada Crisis de los Misiles, entre Cuba y los Estados Unidos, gracias al miedo y la tensión ambiental generada y que se vio reflejada en versos como estos: «¿Dónde has estado, hijo de mis entrañas? / ¿Dónde has estado, niñas de mis ojos? / Tropecé en la ladera de doce montes brumosos / Anduve y me arrastré por seis carreteras sinuosas / Llegué al corazón de siete bosques desolados / Me detuve frente a una docena de océanos muertos / Me adentré diez mil millas en la boca de un cementerio / Y será atroz, será atroz, será atroz / Será atroz la lluvia que caiga». La referencia más dura y explícita a su constante preocupación por el racismo la volcó en «Oxford Town», una canción contra la segregación en la que denunciaba los disturbios en la Universidad de Mississippi. El 20 de septiembre de 1962, el campus universitario de Oxford (Mississippi) se convirtió en un campo de batalla, a causa de los enfrentamientos entre estudiantes supremacistas blancos y fuerzas del orden que intentaban garantizar la asistencia a clase de James Meredith, el primer estudiante negro admitido en esa universidad. Los sucesos se saldaron con dos muertos y numerosos heridos y encendieron el ánimo de Dylan, que para el mes de diciembre ya tenía lista la canción para incluirla en su segundo disco.

El 12 de mayo de 1963, un suceso polémico vino a llamar públicamente la atención sobre el perfil político de Dylan, cuando abandonó el show televisivo del todopoderoso Ed Sullivan, en el que le exigieron cambiar la canción que había preparado, «Talkin' John Birch Paranoid Blues», por considerar que su contenido era difamatorio para la John Birch Society, una asociación ultraconservadora creada en Indianápolis en 1958 por Robert W. Welch y que se caracterizaba por su férreo anticomunismo, su oposición al poder centralizador de Washington y su activismo en contra de los derechos civiles de la comunidad afroamericana. Sullivan y los productores del programa le oyeron tocarla en un ensayo el 11 de mayo y lo dejaron correr. Pero veinticuatro horas después, el mismo día de la emisión del programa, alguien debió de dar la voz de alerta y un ejecutivo de la CBS comunicó que tendría que cambiar la canción para no incurrir en un posible delito de difamación. Dylan se negó en redondo y abandonó el plató generando una polémica que fue recogida y amplificada por las principales revistas y periódicos del país. Para sus seguidores aquello confirmaba el compromiso político del cantautor y su resistencia frente al poder de los grandes medios. Para los sectores más conservadores aquel desafío no hacía más que incidir en lo que ya venían afirmando: que era lo que hoy se consideraría un 'antisistema'. Para los miembros de la John Birch Society lo peor no fue su espantada, sino algunos versos que no dejaban lugar a dudas sobre la opinión que el músico de Duluth tenía sobre su exacerbado anticomunismo: «Estamos de acuerdo con las ideas de Hitler / Aunque asesinara a seis millones de judíos / no importa mucho que fuera un fascista / ¡Al menos no puede decirse que fuera comunista! / Que es como inyectarse malaria si tienes un catarro». La canción acaba con un toque que recuerda al famoso poema «Cuando los nazis vinieron a por los comunistas», del pastor luterano alemán Martin Niemöller, en el que se advierte de las consecuencias de no reaccionar a tiempo contra la tiranía, que Dylan convirtió en la exaltación del fanatismo paranoico con sus versos: «Y por fin comencé a entrar en razón / Cuando me quedé sin nada que investigar / No se me ocurría qué otra cosa hacer / ¡Así que ahora estoy en casa investigándome a mí! / Espero no averiguar nada... ¡Ay señor!». Una semana después de aquel polémico suceso, Dylan la cantó con Joan Baez en el Festival de Monterrey, en California, pocos días antes de que saliese al mercado, *Freewheelin 'Bob Dylan*, para convertirse en un rotundo éxito.

Sin tiempo de comenzar a saborear la acogida del disco que le convertiría en icono rebelde para una generación -la de los sesenta- históricamente considerada rebelde por antonomasia, Bob conoció una noticia que sacudió a la sociedad norteamericana: el 12 de junio, pocas horas después de que el presidente Kennedy se dirigiese a la nación para confirmar su compromiso con los derechos civiles, un padre de familia era asesinado a la puerta de su casa en Jackson (Mississippi). Se llamaba Medgar Evers y era uno de los líderes afroamericanos que luchaba por esos derechos civiles. Su muerte conmocionó a todo el país e impulsó a Bob Dylan a escribir una canción, «Only a Pawn in Their Game», que acabaría publicando a principios del año siguiente en su álbum *The Times They Are a-Changin'*, pero que cantaría prácticamente por primera vez al mes siguiente, el 12 de julio, en Greenwood (Mississippi), una de las cunas del blues. Bob viajó hasta allí convencido por su amigo Theodore Bikel, músico y organizador del Festival de Newport, para participar en un acto de apoyo al registro de votantes negros, en el que también participó Pete Seeger. Ante un par de centenares de afroamericanos, en los viejos campos de algodón donde sus antepasados habían trabajado como esclavos, el joven poeta blanco desgranó sus versos: «Un político sureño sermonea al blanco pobre / 'Tienes más que los negros, no te quejes / Eres mejor que ellos, naciste blanco', le dicen / Y el nombre del negro está claro que se explota / Para beneficio del político / Cuya popularidad va a más / Y el blanco miserable sigue / En el furgón de cola / Pero no es culpa suya / No es más que un peón en la partida».

La Marcha sobre Washington

Actitudes como la del concierto de Mississippi habían convertido a Dylan, junto a Joan Baez, en una de las figuras de la comunidad cultural blanca más prominentes en el movimiento por los derechos civiles, algo que se puso de manifiesto el 28 de agosto de 1963 en el acto central de la March on Washington for Jobs and Freedom (la Marcha por el Trabajo y la Libertad), que tuvo lugar en el National Mall de Washington D.C., desde el monumento a Washington al Lincoln Memorial. Tras las alocuciones de los líderes de las entidades organizadoras, el Doctor Martin Luther King pronunció su histórico discurso *I Have a Dream* (Yo tengo un sueño), que se convirtió en el momento cumbre del evento. Después llegó el turno de los cantantes, comenzando por la reina del gospel Mahalia Jackson, seguida de la cantante lírica afroamericana Marian Anderson. Tras ellas intervino Joan Baez, que interpretó el himno antisegregacionista «We Shall Overcome» y «Oh Freedom». Finalmente le tocó el turno a Dylan, que interpretó «Only a Pawn in Their Game», la canción que hablaba del asesinato del activista de los derechos civiles Medgar Evers y el racismo que impregnaba el sistema judicial de los Estados Unidos y «When the Ship Comes in», con Joan Baez. Aquel día Dylan cantó para cerca de trescientas mil personas, en su inmensa mayoría negros, que escucharon cómo aquel jovenzuelo blanco unía para siempre su nombre a la causa de los derechos civiles de los afroamericanos. Por si fuera poco, uno de los momentos más emotivos se produjo cuando Peter, Paul & Mary, por entonces en la cima de su popularidad, interpretaron «Blowin' in the

Wind», el tema compuesto por el músico de Minnesota, que desde entonces se convirtió en el himno antiracista por excelencia. Más de quinientos periodistas y cámaras de televisión hicieron llegar el histórico acto a todos los rincones de Norteamérica y el mundo, convirtiendo a aquel joven de Minnesota que sólo tenía veintidós años en una estrella mediática internacional.

Dos meses después de aquella histórica jornada, Dylan escribió y grabó «The Lonesome Death of Hattie Carroll», una canción dedicada a una camarera afroamericana asesinada a golpes por un plantador de tabaco de Maryland, que fue condeno a sólo seis meses de cárcel. La canción demostraba que el cantante seguía siendo sensible al drama de la segregación racial, pero a finales de 1963, Dylan se sentía manipulado y limitado por el folk y el movimiento protesta. El 22 de noviembre es asesinado en Dallas el presidente Kennedy y Norteamérica sucumbe a la consternación y el miedo. El temor a los nuevos e inciertos tiempos alcanza al propio Dylan, que confiesa su temor a ser asesinado. Estas tensiones fueron exhibidas públicamente cuando, al aceptar el premio *Tom Paine Award* de manos del National Emergency Civil Liberties Committee, poco después del asesinato de JFK, un Dylan ebrio cuestionó el papel de la comisión, caracterizó a los miembros como viejos y calvos, y reivindicó ver algo de sí mismo y de todos los hombres en Lee Harvey Oswald, asesino de Kennedy. Aquel alarde de incorrección política provocó el rechazo y abucheo de los presentes, lo que le llevó a una hastiada reflexión: «Si digo la verdad, ni siquiera sé lo que es la política».

En 1964, tras la publicación de *The Times They Are a-Changin*, el tercer disco de Dylan, la prensa de la izquierda norteamericana lo entroniza el más importante trovador de los Estados Unidos después de Woodie Guthrie. Son los tiempos del fin oficial de la segregación racial con la aprobación de la Ley de derechos civiles por el presidente Lyndon B. Johnson, el mismo que declaró la guerra a la pobreza en su discurso de toma de posesión tras el asesinato de John F. Kennedy; es el año en el que la Corte Suprema prohíbe la censura de un discurso que critique a cualquier figura política, en el que Malcolm X pronuncia el discurso radical *Los votos o las balas*, en el que Martin Luther King recibe el premio Nobel de la Paz y en el que son localizados en un pueblo de Mississippi los cuerpos de tres trabajadores de los derechos civiles asesinados por el Ku Klux Klan. Sí, los tiempos están cambiando pero eso no significa que todo mejore a ojos vista como reconoce el propio Dylan en una declaraciones recogidas por Luis Martín en su obra *Bob Dylan*: «Si en estos jodidos tiempos de cambio nace la exigencia de crear mitos que contengan imágenes norteamericanas, es, sin duda, porque estamos en la periferia de un imperio que nos envía imágenes oficiales, imágenes llenas de mierda, que debemos rechazar».

El tercer álbum de estudio de Dylan, tiene un carácter más politizado, insistiendo en las canciones de protesta, tratando de retratar un país en plena era de profundos cambios, pero a la vez era un proyecto más sofisticado, sin renunciar a la temática personal y a las reflexiones íntimas. La propia canción que daba título al LP, «The Times They Are a-Changin'» (Los tiempos están cambiando) era toda un declaración de intenciones del espíritu que movía a una generación que creía tener en sus manos la palanca del cambio político y el relevo cultural en Norteamérica y se convertiría en un santo y seña generacional con sus estrofas finales: «Venid senadores y congresistas / Por favor, atended la llamada / No os quedéis en la puerta / No cerréis el paso / Pues al fin será arrollado / Quien haya quedado atrás / Afuera arrecia una batalla / Que os agitará las ventanas y os sacudirá los muros / Porque los tiempos están cambiando (...) Venid madres y padres / de todo el país / Y no critiquéis / Lo que no podéis entender / Vuestros hijos e hijas / Ya no os obedecen / Vuestro viejo camino es ya una ruina / Dejad libre el nuevo si no tendéis la mano / Porque los tiempos están cambiando». Repetida, imitada, reinterpretada, e incuso parodiada, una y mil veces, la canción sigue siendo todavía más de medio siglo después el eslogan de la generación que marcó un giro en la cultura occidental, que pretendía ser radical y acabó quedándose en una vuelta de tuerca similar al viejo axioma de la novela *El gatopardo*, de Giuseppe Tomasi di Lampedusa: «Cambiar todo para que nada cambie». El propio músico se encargaría de rebajar el contenido político de la canción, primero al explicar poco después de su lanzamiento que no era el reflejo de la situación social de su época, sino de un sentimiento personal, una forma de definir el abismo entre la vida y la muerte, y más tarde vendiendo sus derechos para ser usada en anuncios de entidades bancarias o publicidades de diverso tipo. Pero ni siquiera el autor pudo evitar que el tema se convirtiera en el símbolo que sigue siendo, porque en cuanto el público lo escuchó, dejó de ser suyo.

Además de esta simbólica melodía, el álbum incluía canciones con contenido social basadas en recuerdos y experiencias propias, como «North Country Blues», de ambiente minero y proletario, que para muchos significa un guiño de homenaje a Hibbing, la ciudad donde se crió, o «Ballad of Hollis Brown», en la que retorna al blues para narrar una desesperada historia de pobreza rural que termina en tragedia cuando un campesino sumido en la miseria acaba matando a toda su familia. El toque antibélico lo pone «With God on Our Side», mientras que en «When the Ship Comes in» recurre a sus recuerdos personales de los días que viajaba por el país para tocar con Joan Baez y en «Boots of Spanish Leather» y «One Too Many Mornings» muestra su lado intimista y sentimental.

A pesar de su enorme popularidad, Bob Dylan comenzaba a cansarse de ser el portavoz de la disidencia en su país. Su actitud era mirada con la lupa de la corrección política y su presencia se convirtió prácticamente en obligatoria en las marchas de protesta y los actos reivindicativos de toda índole. Se avecinaba el momento en que el cantante de Minnesota decidiese sacudirse aquel pesado yugo, para disgusto y frustración de la mayoría de sus incondicionales fans. Entre 1965 y 1966, mientras Malcon X es asesinado en Nueva York, se producen sangrientos enfrentamientos entre policías y manifestantes por los derechos civiles en Alabama, comienzan las marchas masivas contra la guerra de Vietnam, donde los soldados norteamericanos duplican su presencia y sus bajas mes tras mes, los primeros refugiados cubanos llegan a las costas de Miami, en China Mao Zedong pone en marcha la Revolución Cultural y Bobby Seale y Huey P. Newton fundan el Black Panther Party (el Partido de las Panteras Negras). A mediados de los sesenta la música pop está en manos de las bandas británicas, con las que Dylan se codea en sus primeras giras por el Reino Unido, donde comienza a gestar su giro hacia el rock y las experiencias lisérgicas. El alejamiento de las letras comprometidas enfría su relación con Joan Baez, que se suma a la legión de quienes le acusan de traición tras su sonada aparición en el Festival de Newport en julio de 1965 enfundado en cuero negro y armado con una guitarra eléctrica. «Like a Rolling Stone» marca el giro definitivo hacia los nuevos tiempos de estrella del rock que influye decisivamente en la obra de mitos como The Beatles, The Rolling Stones, The Beach Boys, The Who o Pink Floyd, por citar sólo a un puñado de los más grandes.

En el verano de 1966 sufre su famoso accidente de moto que le lleva a una situación de retiro que abandona en enero de 1968 para una primera aparición pública en el concierto de homenaje a su maestro Woody Guthrie, que había muerto cuatro meses antes. En el Carnegie Hall se reencuentra con Pete Seeger, Jack Elliot, Odetta, Arlo Guthrie, Judit Collins y otros viejos camaradas de los buenos tiempos. A pesar del efecto balsámico de la nostalgia, Bob pertenece definitivamente a otra galaxia. En noviembre de 1969 la revista *Rolling Stone* publica una histórica entrevista de su fundador, Jann Wenner, en la que Dylan muestra su aspecto más superficial, exagerando su pose de artista despegado de la actualidad, replegado en su egocentrismo y preocupado por el dinero y el éxito. Las críticas fueron demoledoras y sus más fieles seguidores se sumieron en el desencanto. Los detractores de Dylan le acusan poco menos que de ser un farsante que se aprovecha de la situación social y política para buscar la fama y la fortuna. Todo el mundo parece exigirle una militancia de primera línea que él niega haber mantenido nunca. Refiriéndose a aquella época de finales de los años sesenta, Dylan afirmaría años más tarde que se sentía prisionero de la imagen que el público tenía de él, afirmando rotundamente en su autobiografía *Crónicas Vol.1*, publicada en el año 2004: «La contracultura, fuera lo que fuese, ya me tenía harto. Me ponía enfermo el modo en que subvertían mis letras y extrapolaban su significado a conflictos interesados, así como el hecho de que me hubieran proclamado el Gran Buda de la Revuelta, el Sumo Sacerdote de la Protesta, el Zar de la Disidencia....».

Una anécdota ilustrativa de esta sensación ambiental es la que se produjo en el verano de 1971, durante los preparativos del Concierto por Bangladesh, cuando George Harrison, en su papel de organizador del evento le comentó que le gustaría que tocase «Blowin' in the Wind». El de Minnesota, molesto, le contestó al de Liverpool qué le parecería si él le solicitara «She Loves You». Al final Dylan tocó la canción y el espíritu de la respuesta que está en el viento flotó en el memorable concierto que marcaría el inicio de los eventos musicales solidarios.

Atrapado en el ojo del huracán

A principios de los años setenta, Dylan regresa a Nueva York y se reencuentra con los compañeros de sus inicios en el Greenwich Village, lo que influye en su vuelta a la temática de las canciones que hablan de perdedores y víctimas del sistema. Así nace «George Jackson», compuesta en 1971, con una letra en la que retoma el espíritu rebelde y contestatario: «Lo metieron en prisión / Por robar setenta dólares / Cerraron la puerta tras él / Y arrojaron la llave / Señor, Señor / Dejaron tieso a George Jackson / Señor, Señor / Lo tendieron en la fosa (...) Frente a nadie se achantaba / Jamás hincó la rodilla / Las autoridades lo odiaban porque era demasiado auténtico (...) A veces pienso que el mundo / Es un patio de prisión / Unos somos prisioneros / Y los demás carceleros». Jackson era un líder del Black Panther Party que murió tiroteado en la prisión de San Quintín en agosto de 1971. Según los guardianes de la prisión se trató de un intento de fuga abortado, algo reiteradamente desmentido por varios testigos presenciales.

El descrédito de Bob entre buena parte de sus seguidores era tal que muchos desconfiaron de la honestidad del cantante a la hora de componer este tema, acusándolo de oportunismo. Uno de ellos, el periodista Anthony Scaduto -que por aquel entonces preparaba su famosa biografía sobre el artista de Minnesota- llevó su escepticismo hasta el extremo de realizar una encuesta entre músicos, críticos y personas próximas a Dylan, que mostraron abiertamente su desconfianza respecto a su sinceridad a la hora de componer este tema que le devolvía a los tiempos de la canción protesta. A pesar de que el cantante evitó enfangarse en polémicas, los hechos demostraron que la historia del recluso asesinado había impresionado a Bob cuando leyó *Soledad Brother. Cartas desde la prisión*, el libro en el que Jackson narra la brutal experiencia de sus diez años en la prisión de Soledad (California), siete de los cuales estuvo sometido a régimen de aislamiento. Dylan compuso la canción el 3 de noviembre, al día siguiente de acabar de leer el libro y veinticuatro horas después entraba en el estudio para grabar la canción en un single que llevaba en su cara B el tema «Wallflower» y que dos semanas después salía al mercado. Es difícil de creer que tal celeridad se debiese a un cálculo comercial y no a un impulso de mostrar su rabia interior ante una injusticia que la había conmovido profundamente.

Por aquellos días Dylan estaba inmerso en uno de los ataques más furibundos que haya recibido nunca. Un individuo denominado Alan Jules Weberman, escritor de delirantes teorías políticas y activista político de nivel conspiranoico, insiste en acusarlo de colaborar con la industria bélica que surte al ejército norteamericano en Vietnam, de haberse vendido al capitalismo más salvaje, de ser un heroinómano al servicio de los más oscuros intereses y de colaborar con el sionismo a través de la Jewish Defense League, algo en lo que insiste también Stephen Pickering, otro presunto estudioso dylaniano. Weberman logró cimentar su propia fama gracias a sus ataques a Dylan, buscando pruebas de sus acusaciones entre la basura del músico -algo que convertirá en una 'ciencia' llamada *garbology*- y declarándose fundador del Frente de Liberación del Rock, que pretendía devolver al género su esencia revolucionaria y en el que llegó a enredar durante una breve temporada al mismísimo John Lennon en una de sus épocas más desorientadas. Gracias al lanzamiento de «George Jackson», Weberman ceja en su campaña de acoso y se dedica a 'enemigos' de más enjundia, como la CIA y su participación en el asesinato de John Fitzgerald Kennedy.

A pesar de todos sus esfuerzos por desvincularse de su imagen de portavoz y estandarte de los movimientos progresistas, la fama de mesiánico hombre bueno, persigue a Dylan allá donde va. En febrero de 1974, conoce en Atlanta al gobernador del estado de Georgia, Jimmy Carter, a través del hijo de éste, Chip, un fiel seguidor del cantante. Carter intentaría usar dos años después esta presunta amistad para captar votos en su campaña a la presidencia de los Estados Unidos, a pesar de las reiteradas negativas del artista a reconocer ese implícito apoyo. Cuarenta años después ambos protagonizaron la gala de entrega de los Grammy 2015, en la que el expresidente hizo entrega al cantante del galardón de Personaje del año, en una ceremonia en la que Dylan pronunció un discurso reivindicando sus raíces folk, recuperó versos de sus canciones protesta y ensalzó el espíritu rebelde, libre e independientes de artistas como Joan Baez o Nina Simone.

En el verano de 1975, el bardo de Duluth volvió a recuperar momentáneamente su pulsión reivindicativa con la grabación de «Hurricane», una canción que se convirtió en el tema más escuchado del LP *Desire*, que salió al mercado en noviembre de ese año. La canción hablaba de la historia real de Rubin 'Hurricane' Carter, un boxeador condenado injustamente por un triple asesinato en la localidad de Paterson (New Jersey), nueve años antes. Carter había enviado a Dylan su autobiografía, *The Sixteenth Round*, en reconocimiento precisamente a la labor que Bob había desarrollado en el pasado en favor de los derechos de los afroamericanos. El cantante quedó impresionado con la historia y decidió conocer al boxeador encarcelado en la cárcel de Rahway State. Tras el encuentro, compuso la canción que se acabaría convirtiendo en un alegato universal contra el racismo y las desigualdades del sistema judicial, aunque Dylan dejó de cantarla a partir del concierto celebrado en el Astodrome de

Houston el 25 de enero de 1976, al final de la *Rolling Thunder Revue*.
Además de recaudar dinero en conciertos solidarios para permitir que la
causa fuese revisada, aunque sin éxito, ya que Rubín acabó saliendo de
la cárcel en 1985, la canción sirvió para resucitar el aura de abanderado
contra la injusticia que había rodeado al Dylan de los primeros tiempos.
En la década de los ochenta, entra en una de sus épocas más erráticas
y criticadas, alejado de cualquier tipo de activismo social, aunque protagoniza jornadas como la del 6 de junio de 1982, cuando participa en el
Peace Sunday - We Have a Dream, un festival antinuclear que se celebra
en el Rose Bowl de Pasadena (California) y canta «Blowin' in the Wind»
y «God on Our Side» junto a Joan Baez, ante más de ochenta mil personas. Gestos como éste, producto del azar y la inevitable trayectoria artística, son permanentemente interpretados como un retorno a las esencias
por parte de sus fans más militantes. Sin embargo, en 1989 sí se puede
decir con propiedad que recupera el pulso sociopolítico con «Political
World», la canción que abre el álbum *Oh! Mercy*. El periodista Edu Izquierdo, en el análisis que hace de esta canción en el libro *Political World.
Rebeldía desde las guitarras*, explicita el nexo de unión con sus composiciones más políticas, aunque matizando que la energía de su rebelión ya
no es la misma: «Aunque hay una diferencia entre las canciones citadas,
incluida la dedicada al boxeador Rubin 'Huracán' Carter y este «Political
World». Y es que si en aquellas Dylan parecía disparar con bala contra el
sistema, en ésta la agresividad ha dado paso a la contención. Dylan ya no
pretende cambiar el mundo, sólo hacernos conscientes de lo que hemos
creado nosotros solitos». Se podría añadir que es un canción con un final
que aboca incluso a la desesperanza: «Vivimos en un mundo político /
Donde la paz no tiene cabida / Le cierran las puertas para que vague
más tiempo / O la llevan al paredón (...) Vivimos en un mundo político /
Todo es de éste o aquél / Encarámate al cuadro y grita el nombre de Dios
/ Pero nunca sabrás cual es».
A pesar de los reiterados intentos por distanciarse de la etiqueta de
artista comprometido, su pasado solidario insiste en salirle al camino,
como sucedió por ejemplo el 16 de octubre de 1992, cuando Dylan celebró sus treinta años de trayectoria artística con un concierto en el Madison Square Garden de Nueva York y volvió a recibir un espontáneo
homenaje a su actitud solidaria cuando uno de los invitados, el cantante
Stevie Wonder, tomó la palabra y proclamó su reconocimiento a la labor
de Dylan en defensa de los derechos de los afroamericanos en los difíci-

les días de la lucha contra la segregación racial. La historia se repitió en 1997 en la Casa Blanca durante el acto de entrega del Kennedy Center Honor, el más importante galardón que otorga el gobierno de los Estados Unidos a un artista, cuando el presidente Bill Clinton afirmó: «Probablemente ha tenido más impacto en la gente de mi generación que cualquier otro artista creativo. Su voz y sus letras nunca han sido fáciles de oír, pero a lo largo de su carrera Bob Dylan nunca estuvo destinado a complacer. Ha perturbado la paz e incomodado a los poderosos».

En la primera década del siglo XXI, la candidatura de un hombre de raza negra a la presidencia de los Estados Unidos atrajo de nuevo el foco de atención sobre el músico de Minnesota. Evidentemente, todo el mundo quería conocer su opinión sobre aquel suceso histórico y durante la campaña electoral de 2008 Dylan no ahorró elogios a Barack Obama, aunque su implícito apoyo estuvo siempre matizado por su escaso entusiasmo habitual. En estas lides es perro viejo y ha visto correr mucha agua bajo el puente de la política, como para no demostrar su escepticismo, tal y como se refleja en una entrevista concedida al diario *El Mundo* en abril del 2009, tres meses después de la llegada de Obama a la Casa Blanca: «Será el mejor presidente que pueda ser. La mayoría de esos tipos llega al poder con la mejor de sus intenciones y lo dejan exhaustos. Johnson sería muy buen ejemplo de esto... Nixon, Clinton de algún modo, Truman, y todos los demás a posteriori. Ya sabe, es como si todos volaran demasiado cerca del sol y acabaran quemándose».

La noche del 4 de noviembre de 2008, en el Northrop Auditorium de Minneapolis, hizo un quiebro a ese escepticismo cuando al referirse a la chapa de apoyo a Obama que llevaba su bajista, y justo antes de interpretar «Blowin' in the Wind», afirmó: «It seems like we are going to change now (parece que las cosas van a cambiar)». Fiel a su polémico espíritu, negaría esa intención que el publico quiso ver en una entrevista concedida cuatro años después a Mikal Gilmore, de la revista *Rolling Stone*, a quien aseguró: «No sé lo que quise decir. A veces se dicen cosas sin saber qué quieres decir. Pero eres sincero cuando lo dices. Me encantaría que las cosas hubieran cambiado. Es todo lo que puedo decir en cuanto a aquello que dije. No voy a negar lo que dije, pero quisiera pensar que las cosas han cambiado». Hubo quien quiso ver ese desapego en el encuentro fugaz que Dylan y Obama tuvieron en la Casa blanca en febrero de 2010, cuando el artista tocó en un concierto de homenaje a la lucha por los derechos civiles. El mito de la canción y el primer presidente de raza negra, admirador confeso del cantante, se dieron un apretón de manos que fue calificado por la prensa como frío y distante, algo que, de ser cierto, no dejó huella en el presidente, que dos años después le dirigió toda suerte de elogios cuando le otorgó la Medalla Presidencial de la Libertad por su destacada labor a lo largo de su carrera, su carácter beligerante, sus letras con alto contenido social y por ser «uno de los músicos más influyentes del siglo XX con sus ricas letras poéticas. Sin obviar el papel que jugó en el movimiento de los sesenta por los derechos civiles», según el comunicado oficial emitido por la Casa Blanca.

Ese papel y esa actitud militante llevaron al artista a las listas del malditismo en más de una ocasión a lo largo de su carrera. Desde el episodio de 1963, con la prohibición de cantar «Talkin' John Birch Paranoid Blues» en el *Show de Ed Sullivan*, Dylan ha tenido numerosos encontronazos con la censura. La canción «Rainy Day Women No. 12&35» fue prohibida por numerosas emisoras norteamericanas y británicas por su presunta apología de las drogas, extremo siempre negado por el autor y fruto de eterna controversia. La culpa es de su estribillo 'Everybody must get stoned!' (Todo el mundo debe estar colocado), que dada la agitada época en que fue grabada la canción -la primavera de 1966- en principio deja poco margen a interpretaciones benévolas, que las hay. Para unos puede ser una referencia a tempestuosas relaciones sentimentales, para otros contiene guiños a los derechos civiles y hay quien defiende que era una irónica provocación del propio Dylan, harto del tratamiento de la prensa sensacionalista de la época en lo que respecta a la relación entre las drogas y el rock & roll.

En la España de comienzos de los setenta, aunque la dictadura franquista estaba ya en sus últimos estertores, la censura seguía viva y coleando y Dylan fue víctima de sus delirantes criterios, como atestigua la relación número 68 del Archivo General de la Administración, de textos gramofónicos calificados por la Dirección General de Radiodifusión como 'no radiables' (sic), en referencia a seis temas del álbum *Blonde on Blonde*, editado por Columbia en 1971: «Just Like a Woman» fue calificada como ligera y obscena por sus frases con doble sentido, «Leopard-Skin Pill-Box Hat» fue prohibida por considerar obscena la frase 'makin' love to you' (hacer el amor contigo), «I Want You», por un «posible sentido homosexual en la intención», «Obviously Five Believers», por su «texto indefinido de amplia ambigüedad, susceptible ser interpretado como homosexualista», «Tempory Like Achilles», también por su posible homosexualismo y «4th Time Around» fue calificada como ligera y amoral, aunque finalmente fue autorizada al considerar las autoridades de la censura que era incomprensible a causa de la jerga usada por el autor. La mejor explicación para esta especial inquina de la censura con el disco de Bob Dylan la dio Xavier Valiño en su obra *Veneno en dosis camufladas*. La censura de los discos de pop-rock durante el franquismo, del que procede la mayor parte de esta información sobre la censura a *Blonde on Blonde* : «Seguramente, desconociendo al compositor de los temas, el censor prefirió curarse en salud». Por cierto, en esa lista figuran también John Lennon con «Image» (que los avispados censores calificaron de erótica), «I Don't Want to Be a Soldier», «Give Me Some Truth» «It's So Hard», Frank Zappa con «Help I'M a Rock», Tom Fogerty y «Goodbye Media Man», Leonard Cohen con «Last Years Man» o Violeta Parra con el más evidente «Hace falta un guerrillero».

Tras los atentados del 11-S en Nueva York, Clear Channel, la red de emisoras locales más importante de los Estados Unidos, elaboró una lista de canciones que consideraba inadecuadas para su emisión pública que incluía dos canciones de Bob: «Knockin' on Heaven's Door» y «Blowin' in the Wind». El motivo del peligro que podían suponer estas dos canciones para la sensibilidad del público norteamericano sólo puede encontrarse en cierto grado de histeria tras el atentado de las Torres Gemelas, que llevó a esa delirante lista de temas inapropiados al «Obla Di, Obla Da» de The Beatles, el «Black Is Black» de Los Bravos, el «What a Wonderful World» de Louis Amstrong, el «Imagine» de John Lennon o «Bridge over Troubled Water» de Simon and Garfunkel. Son las sorprendentes cosas de la censura, entre cuyas características no se encuentra precisamente la abundancia de inteligencia.

En la primavera de 2010, la polémica volvió a los titulares de prensa a cuenta del veto de su actuación en China. El gobierno chino prohibió sin explicaciones los conciertos que tenía previsto realizar en Pekín y Shangai, dentro de su gira asiática. Según el promotor de la misma, Jeffrey Wu, el conocido apoyo de Dylan a la defensa de los derechos humanos pudieron convertirlo en una figura incómoda para el gobierno de Pekín. Por su parte, el Ministerio de Cultura del país asiático argumentó que los organizadores ni siquiera intentaron obtener la autorización para las actuaciones del músico norteamericano y señalaron que el problema real había sido financiero, ya que los promotores de la gira pretendían cobrar a los organizadores chinos casi el doble de lo que habían pagado sus vecinos de Taiwan. La polémica a cuenta de su compromiso político o la ausencia de él se reprodujo en la primavera del año siguiente, cuando Dylan visitó por fin la República Popular China y actuó en el Estadio de los Trabajadores de Pekín, al que acudieron sólo diez mil personas, en un concierto envuelto por las sospechas de censura. Todo el mundo esperaba unas palabras de apoyo al artista disidente Ai Weiwei, encarcelado por aquellos días, pero Bob desgranó sus canciones sin realizar comentarios entre tema y tema y se dejó en el tintero sus tradicionales canciones reivindicativas. Tampoco hubo rueda de prensa posterior ni entrevistas con la prensa, lo que desató los rumores de censura o autocensura.

En un comunicado emitido a posteriori Dylan reconoció que las autoridades chinas habían solicitado conocer previamente la lista de las canciones que iba a interpretar, que les fue enviada una lista con los temas que había tocado en los conciertos de los tres meses anteriores y que al final tocó esos temas sin que nadie pusiese ningún impedimento ni censurase ninguna canción, al menos hasta donde él sabía. En realidad las voces descontentas que denunciaron que el artista de Minnesota se había plegado a la censura china, entre las que se encontraba la organización Human Rights Watch, lo que criticaron fue que hubiese olvidado temas míticos como «Blowin' In the Wind», «Times They Are a-Changin» o «Chimes of Freedom», en sus conciertos de Pekín y Shangai, temas que, en realidad hacía tiempo que no formaban necesariamente parte habitual de su repertorio.

La guinda a esta lista de controversias a cuenta de su compromiso con las causas justas ha sido, hasta el momento, su presencia en la Super Bowl, la final de la liga de fútbol americano, de 2014, en la que apareció en un anuncio de la marca de coches Chrysler, lo que resucitó las voces que le acusan de haberse vendido a los intereses del capital, de haber relegado la lucha por la justicia social a causa de su amor por el dinero, algo a lo que el antaño rebelde de Greenwich Village no se dignó a contestar.

Quizá lo haga cualquier día desde cualquier escenario del mundo y quizá la crítica sea eterna, porque, como sentenció Julio Valdeón en un acertado artículo de la revista *Efe Eme* titulado «50 años sin entender a Bob Dylan»: «Hay quien confunde a Dylan con una suerte de Che Guevara con guitarra».

4. Trece conciertos clave

Bob Dylan ha participado en cientos de festivales y ha dado miles de conciertos de todo tipo: geniales, exitosos, catastróficos, aburridos, vibrantes, desganados, multitudinarios e íntimos. Incluso ha llegado a actuar para una sola persona, un fan sueco, Fredrik Wilkingsson, que vivió la irrepetible experiencia de tener al genio de Minnesota sólo para él durante la grabación de un programa de televisión. Desde sus inicios en los cafés bohemios del Greenwich Village neoyorquino hasta los conciertos multitudinarios del World Tour de 1978, los directos de Dylan han marcado toda su trayectoria y alimentado una leyenda siempre controvertida. El gran superviviente de los años sesenta, la época en la que los festivales de rock se convirtieron en algo más que meras audiciones musicales y cimentaron una nueva cultura popular entre los jóvenes, debe la mayor parte de su popularidad a esos conciertos, incluso en los casos en los que su ausencia le convirtió en protagonista -como en 1969 en Woodstock- o cuando sus prolongadas ausencias de los escenarios -como a finales de los años sesenta o principios de los noventa- alimentaron su leyenda de artista singular e imprevisible. Esta es una lista de los conciertos que contribuyeron a definir esa leyenda.

El principio de todo
12 de abril de 1963. Town Hall, Nueva York

Fue su primer concierto importante, su exitoso debut en solitario en un escenario de verdadera entidad. La organización corrió a cargo de Harold Leventhal, que durante años sería considerado como 'El padrino de Dylan' y que también fue el representante de Woody Guthrie, Pete Seeger, Joan Baez, Peter, Paul & Mary, Johnny Cash, Odetta, Nina Simone y un largo etcétera. Aquella noche Bob interpretó veintitrés canciones, entre las que había varias composiciones nuevas como «Tomorrow Is a Long Time», «Dusty Old Fairgrounds», «Ramblin' Down Thru the World» y «Bob Dylan's New Orleans Rag». También interpretó temas escasamente conocidos como «All Over You», las antibelicistas «With God on Our Side» y «Masters Of War», la polémica «Talking John Birch Paranoid Blues», que criticaba una organización anticomunista o la famosísima «Blowin' in the Wind», que entusiasmaron al público.

Pero el momento realmente estelar se produjo al final del concierto, cuando regresó al escenario sin su guitarra para leer, por primera y última vez en su vida, un poema propio sin ningún tipo de acompañamiento musical. Se trataba de «Last Thoughts on Woody Guthrie», un homenaje a su maestro que, según confesó de una forma bastante tímida, había compuesto cuando le habían pedido que escribiera veinticinco palabras sobre la leyenda del folk y la canción protesta para ser publicada en un libro de homenaje. Al final hizo un poema de casi doscientos versos que fue entusiastamente aclamado por el público en una ovación premonitoria de su meteórica y exitosa carrera musical. El concierto fue grabado por la CBS y ha quedado reseñado para la historia en el documental *No Direction Home*, realizado por el director Martin Scorsese.

La controversia más sonada
25 de julio de 1965. Newport Folk Festival, Rhode Island

El Festival de Folk de Newport fue fundado en 1959 por el empresario George Wein, que desde hacía cinco años organizaba el Festival de Jazz de Newport, y que para su versión folk contó con la colaboración del cantante y actor Theodore Bikel, los cantantes folk Pete Seeger y Oscar Brand y el representante artístico, Albert Grossman, que sería mánager de Dylan a partir de 1962. Desde sus primeras ediciones se convirtió en el punto de referencia de la explosión del folk urbano, manteniendo las esencias de la música popular norteamericana con carteles en los que las estrellas eran músicos como Sonny Terry & Brownie McGhee, Muddy Waters, Howlin' Wolk, Earl Scruggs, Johnny Cash, Cisco Houston o John Lee Hooker, excepto en 1961 y 1962, en los que estuvo interrumpido. El festival se convirtió también en la rampa de lanzamiento de las nuevas estrellas del folk, como Bob Gibson, que en la primera edición se encargó de la presentación de Joan Baez, que a su vez se encargó de invitar a Bob Dylan en 1963.

El festival pasaría a la historia sobre todo por la polémica generada en torno a Dylan en su edición de 1965. Ese año se enfrentaron dos concepciones del evento, por un lado la de Alan Lomax, que había programado a *bluesmen* como Son House, Josh White o Mississippi John Hurt y artistas de folk clásico como Pete Seeger o Jean Ritchie; frente a él estaba la concepción de Albert Grossman que pretendía darle nuevos aires al festival incorporando a figuras de blues blanco como Paul Butterfield o del nuevo folk, como Peter, Paul and Mary o las estrellas de las últimas citas, Joan Baez y Bob Dylan. Grossman y Lomax acabaron a bofetadas tras el escenario, en un reflejo excesivo de la división que se estaba produciendo entre el público y que llegó a su punto culminante cuando Dylan apareció en el escenario enfundado en cuero negro, empuñando una guitarra eléctrica Fender Stratocaster y acompañado por una banda de rock integrada por Mike Bloomfield a la guitarra, Jerome Arnold al bajo, Al Kooper al órgano, Barry Goldberg en el piano y Sam Lay en la batería. Comenzaron con una irreconocible versión eléctrica de «Maggie's Farm» que dejó al público pasmado por su volumen y su distorsión sonora, siguieron con un «Like a Rolling Stone» que provocó los primeros silbidos del público, que se convirtieron en un abierto abucheo cuando tras interpretar «Phantom Engineer» (una versión inicial de la canción que luego se llamaría «It Takes a Lot to Laugh, It Takes a Train to Cry») Dylan abandonó el escenario sin más explicaciones. Los fundamentalistas del folk se indignaron hasta extremos de paroxismo. Cuenta la leyenda que Pete Seeger quería cortar los cables eléctricos con un hacha, algo que desmintió repetidamente a lo largo de su vida. Lo cierto es que partidarios y detractores estaban abiertamente enfrentados, tanto entre el público como en el *backstage*. Al final Bob logró calmar los ánimos regresando al escenario con una guitarra acústica prestada por Johnny Cash, para interpretar «Mr. Tambourine Man» y «It's All Over Now, Baby Blue», pero su trayectoria musical había cambiado, adentrándose para siempre en la senda del rock & roll.

El grito de Judas

17 de mayo de 1966, Free Trade Hall, Manchester

En la primavera de 1966, Dylan era perseguido tenazmente por la polémica. Mientras su éxito aumentaba día a día y «Like a Rolling Stone» se convertía en la canción más versionada de todo su repertorio, allá donde fuera le perseguía el debate sobre su abandono de la canción protesta. Desde el 9 de abril se encontraba inmerso en una gira internacional que le llevó a Australia, Suecia, Dinamarca, Irlanda e Inglaterra, siempre perseguido por el entusiasmo de las fans, las preguntas incómodas de la prensa y los silbidos de protesta de los sectores de su público que no le perdonaban su reciente paso a la electrificación del rock. El 17 de mayo de 1966, Bob actuó en el Free Trade Hall de Manchester. Siguiendo el orden establecido en la gira, la primera parte del concierto estuvo dedicada al repertorio más folk, con la imagen centrada en el artista y su guitarra acústica. En la segunda parte, arropado como siempre por su banda de acompañamiento, The Hawks, el cantante reapareció con su guitarra eléctrica para comenzar interpretando «Tell Me, Momma» y escuchar los primeros silbidos de protesta, que fueron aumentando hasta que, durante un momento de silencio que se produjo después de que Dylan interpretase «Ballad of a Thin Man», alguien entre el público lanzó el grito de acusación: «¡Judas!», al que el cantante respondió con los primeros acordes de «Like a Rolling Stone» y una airada frase: «I don't believe you. You're a liar!» (No te creo. ¡Eres un mentiroso!), antes de dirigirse a su banda para ordenarles «Play it fucking loud!!» (tocad jodidamente alto). El momento fue inmortalizado por la cámara de D.A. Pennebaker, que rodaba el documental *Eat The Document*. El incidente ha pasado a la historia como el punto álgido de las protestas por la reconversión de Dylan al rock, pero no fue el último, ni siquiera el más grave, sobre todo comparado con las airadas protestas que se produjeron una semana después en el concierto del Olympia de París, donde los abucheos sólo cesaron para aplaudir la actuación de The Hawks.

El Gran Ausente

15-18 de agosto de 1969. Woodstock Music & Ar Fair. White Lake, Nueva York

La figura de Dylan planeará eternamente sobre el primero y más mítico de los festivales masivos del rock & roll, aunque esta vez la razón sea precisamente su ausencia. Woodstock era una tranquila localidad próxima a Nueva York, en la que a mediados de los años sesenta se habían comenzado a instalar numerosos artistas, entre los que destacaba la figura de Bob Dylan, que convirtieron el lugar en un foco de atracción para los hippies y los fans que invadían la zona especialmente los fines de semana, para desasosiego del músico, que se sentía acosado en su tranquila vida familiar. Aprovechando este cúmulo de circunstancias, un grupo de jóvenes empresarios montaron Woodstock Ventures Inc. con la intención de organizar un festival a imitación del que dos años antes había reunido a doscientas mil personas en Monterrey, California. Pero el miedo de los vecinos a los incidentes violentos obligó a trasladar el festival a la granja de Max Yasgur, a unos cien kilómetros de Woodstock, donde durante cuatro días del mes de agosto de 1969 se dieron cita cuatrocientas mil personas que desbordaron todas las previsiones de los organizadores y convirtieron la cita en una de las mayores leyendas de la historia de la música rock.

Pese a lo prolijo de la lista, es de indispensable justicia reseñar a todos los músicos que durante cuatro días pasaron por el escenario de aquella experiencia, que fue mucho más que un festival y que marcó para siempre la historia de la música y la cultura popular del siglo XX: Janis Joplin, Jimi Hendrix, Creedence Clearwater Revival, Grateful Dead, The Who, Jefferson Airplane, Canned Heat, Santana, Joe Cocker, Joan Baez, Arlo Guthrie, Ravi Shankar, Neil Young, The Band, Crosby, Stills, Nash & Young, Paul Butterfield Blues Band, Sly & the Family Stone, Ten Years After, Richie Havens, Johnny Winter, Incredible String Band, Sweetwater, John Sebastian, Country Joe McDonald, Bert Sommer, Tim Hardin, Mountain, Country Joe and the Fish, Blood, Sweat & Tears, Melanie Safka, Sha-Na-Na, Quill, Keef Hartley Band.

A pesar de su indudable éxito y su peso histórico, Woodstock fue un festival que se caracterizó por significativas ausencias de algunas de las más grandes bandas del momento, que o bien no pudieron o bien no quisieron participar, como de The Beatles, The Doors, The Byrds, Led Zeppelin, The Moody Blues, King Crimson o Joni Mitchell. Aunque quien se ha llevado la palma como el gran ausente haya sido el excéntrico músico de Duluth. A pesar de ser el más esperado por el público y el más deseado por los organizadores, Bob Dylan nunca tuvo la más mínima intención de participar, mucho más interesado en el festival que los hermanos Foulk estaban preparando en la Isla de Wight (Reino Unido), con él como estrella principal y una reclamo de setenta y cinco mil dólares. A principios de agosto Bob se fue a Hibbing para participar en una reunión de antiguos alumnos del instituto y el día 15, justo cuando empezaba el festival de Woodstock, se embarcó en el *Queen Elizabeth II* para participar en el Festival de la Isla de Wight, aunque un accidente de su hijo le obligó a desembarcar y realizar el viaje en avión la semana siguiente.

En la cima del éxito

29-31 de agosto de 1969. Festival de la Isla de Wight. Wootton, Inglaterra

El festival había nacido el año anterior como una réplica británica del famoso Summer of Love, celebrado en San Francisco en 1967 y la segunda edición supuso el retorno de Dylan a Europa tras un retiro de casi tres años después de su accidente de moto. Su presencia sirvió como reclamo y fue responsable en buena medida del espectacular incremento de público, que sobrepasó los doscientos mil asistentes. El cantante fue la figura estelar y acudió acompañado por The Band, compartiendo cartel con The Who, Joe Cocker, The Nice, Tom Paxton, Moody Blues, Fat Mattres, The Moody Blues, King Crimson, Family, The Bonzo Dog Doo-Dah Band, Pretty Things, Blodwyn Pig, Edgar Boughton Band, Free, Marsha Hunt and White Trash, Blonde on Blonde y Aynsley Dumbar, Richie Havens, Pentangle, Julie Felix, Gary Farr, Free, Edgar Broughton Band, Eclection, Gypsy, Heaven, Indo Jazz Fusions, The Liverpool Scene, Marsupilami, Mighty Baby, Pentangle y Third Ear Band.

En realidad el festival acogió a otras muchas celebridades de la música, aunque no subieron al escenario sino que se contentaron con ejercer de espectadores, como en el caso de John Lennon, George Harrison y Ringo Star, tres miembros de unos The Beatles que no pasaban por su mejor momento de armonía personal y que acabarían separándose al año siguiente, Keith Richards, Charlie Watts y Bill Wyman, de The Rolling Stones, Syd Barret, de Pink Floyd, Eric Clapton, por entonces integrado en Blind Faith, y Elton John, además de estrellas cinematográficas como Jane Fonda, Roger Vadim, Liz Taylor y Richard Burton. Tras el festival, John, Ringo y George visitaron a Dylan en la residencia donde se hospedaba, le regalaron un ejemplar de su último disco, *Abbey*

Road, que aún no había salido al mercado, y le proporcionaron un avión de su propia compañía discográfica *Apple Records* para que se uniese a ellos en Tittenhurst Park, la mansión de John Lennon, con la intención de invitarle a participar en la grabación de «Cold Turkey», un tema en el que también participaba Eric Clapton y que acabó siendo publicado como el segundo sencillo del grupo The Plastic Ono Band, poco antes de la separación de los Beatles. Sin embargo, Dylan no estaba por la labor y pretextó el embarazo de su esposa Sara para regresar a los Estados Unidos, frustrando así la oportunidad histórica de que Dylan y Lennon, que siempre mantuvieron una relación quisquillosa, grabasen un disco juntos. Dylan cerró el festival y se hizo de rogar, saliendo con retraso y alegando deficiencias del sonido, con una actuación un tanto apresurada y no excesivamente lucida, en la que tocó diecisiete temas y por la que cobró setenta y cinco mil dólares.

Desdichadamente, el éxito de esta segunda edición del festival provocó que al año siguiente el aforo se sobrepasase en miles de personas que colapsaron la isla ante la impotencia de unas autoridades incapaces de hacer frente a aquella avalancha y garantizar los mínimos de seguridad. Según las cifras oficiales acudieron seiscientas mil personas, pero algunas estimaciones elevan la cifra a ochocientos mil. El recinto de los conciertos fue completamente superado por miles de personas que se colaron sin entrada, hubo peleas e incluso casos de robos y saqueos a la población de la isla. Wight tardaría treinta años en volver a acoger una edición del festival.

Vendiendo el alma
28 de febrero y 1 de marzo de 1978. Budokan Hall, Tokio

A pesar de que el disco resultante haya sido uno de los que ha recibido peores críticas de la prensa especializada, también fue un éxito de ventas y el concierto en el impresionante centro de artes marciales de la capital japonesa significó el final de una época de vacas flacas para Dylan, que trataba de recuperarse de dos fracasos personales de enorme repercusión económica: la película *Renaldo & Clara* y su divorcio de Sara. La salida que encontró fue firmar un contrato con la compañía Management III para realizar una gira de conciertos multitudinarios, con una puesta en escena basada en la espectacularidad y el recurso de los grandes éxitos. Con esta especie de venta del alma al diablo se recaudaron unos veinte millones de dólares al final de la gira que comenzó en el estadio Budokan de Tokio, con capacidad para veinte mil espectadores.

Su banda de acompañamiento estaba integrada por los guitarristas Bill Cross y Steve Soles, el bajista Robe Stoner, el saxo Steve Douglas, el teclista Alan Pasqua, el batería Ian Wallace, el violinista David Mansfield y el percusionista Bobbye Hall. Los coros corrían a cargo de Debbie Gibson, Jo Ann Harris y Helena Springs. En total, el equipo personal que rodeaba a Dylan en el principio de aquella gira estaba integrado por diecisiete personas, todos grandes profesionales curtidos en los grandes estudios como Motown o Philles Records, la discográfica de Phil Spector. Siguiendo la línea de las superproducciones musicales, la banda fue uniformada con unas vestimentas aparatosas, de colores chillones y la compañía Management III presionaba constantemente a Bob para que su repertorio se ciñese a los grandes éxitos más conocidos por el público, a los que además se les introdujeron una serie de arreglos que buscaban continuamente la espectacularidad. A pesar del lujo que los envolvía, con suites en los mejores hoteles y avión privado, el ambiente entre los integrantes de la banda estaba muy enrarecido y eso afectó a los conciertos de Tokio, que fueron los que se registraron en el disco, que a pesar de todo acabó convirtiéndose en disco de oro.

Abrazando la fe cristiana
1 de noviembre de 1979. Fox Warfield Theatre, San Francisco

En septiembre de 1979, tras el éxito comercial de su álbum *Bob Dylan at The Budokan*, sale al mercado *Slow Train Coming*, un LP que cuenta con la colaboración de Mark Knopfler, líder de Dire Straits, y en el que el artista de Minnesota confirma su imparable deriva hacia el cristianismo y que se convierte en un sorprendente éxito absoluto con temas como «When He Returns», «Gotta Serve Somebody» y el pronto universalmente famoso «Man Gave Names to All the Animals». Animado por este hecho, Dylan montó una enésima nueva banda para lanzarse una vez más a la carretera. En esta ocasión estaba integrada por el guitarrista Fred Tackett, el bajista Tim Drummond, el batería Jim Keltner, el pianista de gospel

Terry Young y el organista 'Spooner' Oldham, acompañados en los coros por Helena Springs, Regina Havis y Mona Lisa Young. Tras actuar en el programa de televisión *Saturday Night Live* se trasladaron a San Francisco para actuar durante dos semanas seguidas de forma ininterrumpida en un antiguo teatro, el Fox Warfield, donde el 1 de noviembre, Día de Todos los Santos, celebraron el primer concierto de la gira de Bob como cristiano renacido, más conocida como *Gospel Tour*.

La banda seguía los pasos del creyente Bob y rezaba colectivamente antes de salir al escenario. El primer concierto del Warfield comenzó como una función religiosa. Regina Havis hizo un monólogo religioso al que se fueron uniendo el resto de las coristas y el pianista Terry Young para interpretar media docena de canciones gospel antes de que se sumase el resto de la banda y Bob interpretase «Gotta Serve Somebody». Ante un público atónito siguieron interpretando un repertorio de fuerte carga religiosa, completamente alejado del esperado rock & roll, lo que provocó una airada protesta del público. Los fans comenzaron a darle la espalda, la crítica se cebó con él, pero Dylan no cejó en su empeño. A las dos azarosas semanas del Warfield siguieron cuatro conciertos en el Auditorium de Santa Monica para una organización religiosa, en los que llegó a pronunciar sermones entre tema y tema. Los abucheos y el rechazo regresaron en los conciertos de San Diego, Alburquerque y Tucson y la polémica prosiguió hasta febrero de 1980, cuando la gira se interrumpió para grabar un nuevo LP, *Saved*, tras el que Bob recogió el primer Grammy de su vida y regresó a la carretera para proseguir con una gira religiosa que finalizó el 21 de mayo en el Memorial de Dayton, Ohio.

Primera visita a España

28 de junio de 1984, Estadio de Vallecas, Madrid

Más de dos décadas tardó Dylan en visitar oficialmente España para actuar y lo hizo acompañado por Carlos Santana y su banda, que ejercieron de teloneros junto al grupo español Minuit Polonia, un grupo de corta vida que se autodefinía como de psycho-tecno, ante las más de veinticinco mil personas que pagaron las 2.200 pesetas que costaba la entrada (menos de catorce euros, unas diez entradas de cine de la época) que abarrotaron el estadio de fútbol del popular barrio de Vallecas y a las que se metió en el bolsillo con su primer saludo en castellano: «Sois co-jonudos». Comenzó interpretando «Highway 61 Revisited» y luego se dedicó a colmar las expectativas de un público fiel que le esperaba desde hacía años, tal y como lo describe el cronista del diario *ABC*, Agustín Jiménez: «Era la garganta irreductible de nuestros buenos años, cuando no éramos irónicos ni liberales. Muchos quisieron meterse dentro de las columnas de sonido y confundirse con eso que antes de ser cursi fue tan hermoso».

El cantante dio un concierto sobrio, actuando primero agazapado entre sus músicos y luego en solitario durante parte del espectáculo, ante un público en el que abundaban los mayores de cuarenta años, con cuatro ministros del gobierno socialista en las gradas: Narcís Serra (Defensa), Fernando Ledesma (Justicia), Joaquín Almunia (Trabajo) y Javier Solana (Cultura), además de la mayoría de la élite musical de aquel entonces, los eternos Ana Belén, Ramoncín, Santiago Auserón o Joaquín Sabina, que aguantaron estoicamente la hora de retraso con la que el mito apareció en el escenario. Así lo recoge la periodista de *El País*, Gabriela Cañas: «Fue el de Dylan un concierto silencioso, de suaves aplausos. Unos, arrobados por su cercana presencia -estaba allí, a menos de 60 metros- y otros, somnolientos, sin poder reprimir el bostezo. La larga espera y los prolegómenos que todo concierto de rock que se precie conlleva, habían desanimado a más de uno».

Durante su estancia en Madrid estuvo acompañado por una joven de dieciocho años, que ejerció las labores de intérprete y cicerone durante su visita al Museo del Prado, que se llamaba Ángeles González-Sinde y que veinticinco años después se convertiría en Ministra de Cultura. La primera visita de Dylan a España concluyó al día siguiente en la ciudad condal, con otro concierto ante veinte mil personas en el Miniestadio del Fútbol Club Barcelona. La prensa de la época recogió algunas anécdotas provocadas por el extravagante músico, como el hecho de reservar habitación en cuatro hoteles distintos y no presentarse en ninguno, con la intención de despistar tanto a sus fans como a la prensa. Desde entonces ha celebrado en España cerca de sesenta conciertos.

El comienzo de la gira interminable
7 de junio de 1988, Concord, California

Tras regresar de las últimas etapas europeas de su gira *Temples in Flames Tour*, con Tom Petty & The Heartbreakers a finales de 1987, Dylan decide dar un nuevo cambio a su carrera y comienza a hacerse acompañar por una banda mucho menos espectacular, un combo básico de rock & roll integrado por el guitarrista G.E. Smith, el bajista Kenny Aaronson y el batería Christopher Parker. Atrás quedaban los teclados, los coros y los acompañamientos estelares. El 7 de junio de 1988 Bob se subió al escenario del Concord Pavillion con una banda completamente nueva y un repertorio inhabitual. Comenzó interpretando dos canciones que hasta entonces nunca había tocado en público: «Subterranean Homesick Blues» y «Absolutely Sweet Marie». También recuperó esa noche «Man of Constant Sorrow», «Boots of Spanish Leather» y «Gates of Eden» en versión eléctrica. Estableciendo un patrón que repetiría en los años siguientes, el repertorio alternó las partes acústicas con Dylan solo en el escenario, o acompañado en ocasiones por G.E. Smith, con los temas eléctricos acompañado de la banda, para acabar cerrando con «Like a Rolling Stone» antes de dar paso a los bises que esa noche se limitaron a «Maggie's Farm». Neil Young se sumó a la fiesta acompañando con su guitarra a su viejo amigo. Ese día, la gira que comenzó llamándose *Interstate '88* se convirtió en la *Never-Ending Tour*, la *Gira Interminable*, que para muchos todavía sigue en marcha.

Durante los siguientes años la estrella del rock regresó a la carretera de forma prácticamente continuada durante casi dos décadas, con un repertorio de temas que rehuía el formato de catálogo de grandes éxitos, del que había echado mano entre finales de los setenta y principios de los ochenta y en el que se mezclaban canciones suyas de épocas distintas con versiones de clásicos del folk y el rock. Incluso recuperó como *road manager* a Victor Maymudes, con quien había trabajado en los años sesenta. Durante las siguientes diecinueve semanas Dylan, acompañado en ocasiones por su esposa Carolyn y su hija Desiree, recorrió de punta a punta los Estados Unidos tocando casi siempre en escenarios al aire libre. Fue el propio Bob el que bautizó aquella continua sucesión de conciertos en una entrevista con el periodista Adrian Deevoy a finales de 1989 en la que al referirse al encadenamiento de conciertos, el excéntrico genio de

Minnesota afirmó: «Es la misma gira, la Gira Interminable». Claro que, como no podía ser menos, también fue él el encargado de desmentir su propia invención, cuando en 1993 afirmó: «Jamás existió una Gira Interminable, sino que terminó en 1991 con la partida del guitarrista G.E. Smith» y luego bromeó bautizando las giras enlazadas de los años siguientes con nombres como la Gira el Dinero Jamás se Acaba, la Gira Por Qué me Miras de esa Manera tan Extraña o la Gira Simpatizante Sureño. El eterno Dylan de los subterfugios.

Concierto 30 Aniversario
16 de Octubre de 1992, Madison Square Garden, Nueva York

Treinta años y seis meses después de sacar al mercado su primer álbum, el bardo de Norteamérica lo celebró con un concierto rodeado de amigos y admiradores en el mítico pabellón deportivo neoyorquino que a lo largo de su historia ha acogido a las más importantes estrellas mundiales del espectáculo. Aquel día, en el Madison Square Garden de Manhattan se dieron cita veintiocho músicos, setecientos periodistas y diecinueve mil espectadores para rendir homenaje a aquel chico que había comenzado tocando la guitarra y la armónica unas cuantas calles más al sur, en el Greenwich Village.

Mitos del rock y la cultura pop como Lou Reed, George Harrison, Eric Clapton, Neil Young, Ron Wood, Johnny Cash, Kris Kristofferson, Stevie Wonder, Tracy Chapman, Willie Nelson, Tom Petty, Robert McGuinn, John Mellencamp, The Clancy Brothers, The Band, Mary Chapin Carpenter, June Carter Cash, Dennis Hopper, Chrissie Hynde, Booker T. Jones, The O'Jays, Tom Petty y Johnny Winter subieron al escenario para tocar y cantar las populares canciones de un Dylan fiel a su agreste papel, que según cuentan las crónicas, contuvo la sonrisa y la emoción en todo momento.

Uno de los momentos más emotivos corrió a cargo de Tracy Chapman, con una conmovedora versión del mítico «The Times They Are a-Changin'» en recuerdo de los tiempos de la lucha por los derechos civiles. Y el momento más tenso lo protagonizó Sinead O'Connor, que tuvo que abandonar entre lágrimas el escenario a causa de los abucheos de parte del público, indignado por la polémica en la que se hallaba sumergida la cantante irlandesa después de haber roto en un programa de televisión una foto del Papa Juan Pablo II, algo que casi le costó su carrera musical y que estuvo a punto de arruinar la fiesta. El reconocimiento de sus colegas de profesión, el cariño del público y la buena acogida inicial del vídeo y el doble CD del evento sirvieron de efímero bálsamo a un Bob Dylan que no pasaba precisamente por su mejor momento, en plena crisis matrimonial con Carolyn Dennis, encerrado en sí mismo mientras quemaba kilómetros en su Gira Interminable y con una caída de ventas de discos y popularidad que parecía imparable. Ese día él mismo se encargó de hacer un guiño a su carrera interpretando en solitario «Song for Woody», su viejo tema de los días en que comenzaba a tocar en los bares de Grenwich Village. La emotiva traca final se produjo después de casi cuatro horas de concierto, cuando todos los participantes arroparon a Bob en el escenario para cantar juntos «Knocking on Heaven's Door».

La deuda del hijo pródigo
12-14 de agosto de 1994. Festival Woodstock 94, Saugerties, Nueva York

«Hemos esperado veinticinco años para oír esto. Señoras y señores, ¡Mr. Bob Dylan!». Esta frase con la que fue presentado en el concierto que conmemoraba el vigésimo quinto aniversario resume por sí sola la historia de un ciclo que se cerraba, el fin de una leyenda en la que Bob, a su pesar, hizo el papel de hijo ausente pródigo. Howard Sounes afirma en su biografía que por una vez la gran superestrella estaba dubitativa e insegura antes de pisar el escenario para comprobar que era tan adorado como esperado un cuarto de siglo después, según el testimonio de Patrick Stanfield, uno de los organizadores: «Los chicos estaban preparados para él. Lo que él no sabía era que lo adoraban y que estaban deseando verlo». Los más de 350.000 asistentes al concierto, hijos e incluso nietos de la generación de los sesenta, certificaron definitivamente que Dylan era mucho más que un mítico superviviente de aquellos días, que había trascendido la propia esfera musical para convertirse en uno de los grandes iconos culturales del siglo XX.

Dylan tocó el último día, el domingo 14, cuando las lluvias del fin de semana habían convertido el recinto del concierto en un barrizal y buena parte del público estaba agotado y pretendía abandonar el caos en el que se había convertido aquel esperado revival en el que sólo repitieron media docena de los integrantes del cartel original de 1969: The Band, Joe Cocker, Country Joe McDonald, Crosby, Stills and Nash, John B. Sebastian y Carlos Santana, que actuó al mismo tiempo que Dylan en el segundo de los escenarios con que contaba el macrofestival. En poco más de una hora, el esperado mito interpretó doce temas escogidos entre los más selectos de su repertorio: «Jokerman» , «Just Like a Woman», «All Along the Watchtower», «It Takes a Lot to Laugh», «Don't Think Twice, It's All Right», «Masters of War», «It's All Over Now, Baby Blue», «God Knows», «I Shall Be Released», «Highway 61 Revisited», «Rainy Day Women», «It Ain't Me Babe». Quizá algunos nostálgicos echaron de menos temas como «Like a Rolling Stone» o «Blowin' in the Wind», pero lo cierto es que la actuación del genio de Minnesota fue considerada como una de las mejores, sino la mejor, de aquel festival que fue más allá de la nostalgia, reuniendo en sus múltiples escenarios a bandas como Blind Melon, Ice-T, Violent Femmes, Sheryl Crow, Metallica, Aerosmith, The Cranberries, Spin Doctors, Allman Brothers Band, Traffic, Neville Brothers, Green Day, Sisters of Glory, Cypress Hill o Peter Gabriel, por citar sólo a algunos de los más de cincuenta grupos de todas las épocas y estilos que participaron en una de las últimas exhibiciones multitudinarias del gran circo del rock & roll. El descontrol en los accesos, los miles de personas que se colaron sin pagar, los abusos en el precio de comidas y bebidas se repitieron, aunque afortunadamente la ausencia de violencia puso la nota positiva de un caos en el que Dylan volvió a brillar y renacer por enésima vez.

El concierto ante el Papa
27 de octubre de 1997, Bolonia, Italia

Este evento, titulado originalmente como el Bologna Festival y retransmitido vía satélite para todo el mundo, fue el cénit de una nueva excéntrica etapa de un Dylan reconvertido durante tres años al cristianismo. Ante el Papa Juan Pablo II y otras trescientas mil almas, por ajustarnos al lenguaje religioso que requiere la ocasión, cantó «Knocking on Heaven's Doors», «A Hard Rain's a Gonna Fall» y «Forever Young», tras lo que se acercó al pontífice con el que intercambió un breve diálogo que a día de hoy sigue siendo uno de los secretos mejor guardados de un hombre que guarda unos cuantos.

El evento había sido organizado por el Vaticano con motivo del Congreso Mundial Eucarístico y en él participaron artistas italianos como Luccio Dalla, Andrea Bocelli, Gianni, Michel Petrucchiani o Barbara Colla, que interpretaron canciones adaptadas a la sensibilidad mística que reclamaba la presencia del anfitrión, el Papa más mediático de todos los tiempos, que pronunció un sermón en el que citó como referencia espiritual «Blowin' in the Wind», la canción más universal del judío más famoso de la historia del rock. Claro que el líder de la iglesia católica hizo una interpretación muy suya de la letra al afirmar que «Tú crees que la respuesta está soplando en el viento. Pero es el viento quien da el soplo a la vida y es la voz del Espíritu Santo, y no el viento que todo lo dispersa en los torbellinos en la nada». En realidad era el trovador de Minnesota quien había insistido en conocer al Papa y recibir su bendición tras su grave enfermedad por histoplasmosis, que según sus propias palabras había estado a punto de costarle la vida, pero a la curia vaticana le vino estupendamente la presencia del rockero, un reclamo extra para los jóvenes. El encuentro fue respetuoso por parte de Dylan y poco entusiasta por parte de Karol Wojtyła, que siguió su actuación un tanto adormecido, al menos en apariencia. Lo cierto es que ese encuentro de dos megaestrellas acaparó todos los titulares de portada de la prensa y abrió informativos de televisión en todos los rincones del mundo, para engrandecimiento de las leyendas de ambos.

La penúltima polémica

6 de abril de 2011, Estadio de los Trabajadores, Pekín

Convertido en un mito universal, la polémica sigue persiguiendo a Dylan allá donde vaya. La penúltima controversia global se desató en el año 2011, con motivo de su primer concierto en la República Popular China. El antaño hermético gigante del comunismo, zambullido desde hace más de una década en una voraz fiebre de consumismo capitalista, abría sus brazos al gran icono de los derechos civiles en los años sesenta, al viejo gurú del antimilitarismo, al último gran dinosaurio de la canción protesta, aunque todos estos títulos se los cuelguen muy a pesar suyo.

Era prácticamente inevitable que su primera visita a un país que adora tanto el brillo de las joyas, los coches y la electrónica de lujo como ignora las sombras de sus reiteradas vulneraciones de los derechos humanos, el tema acabase con Dylan en el ojo del huracán.

El 6 de abril de 2011, cinco días antes de cumplir cincuenta años en los escenarios, Dylan actuó en el Estadio de los Trabajadores, ante nueve mil espectadores que llenaron el ochenta por ciento del aforo a pesar de pagar una entrada de 980 yuanes, unos 150 dólares, un precio que no está al alcance de la mayoría de la población del país. Eso sí, dos mil localidades fueron ocupadas por funcionarios del Ministerio de Cultura, el organismo que se encargó de velar porque los vientos de rebeldía musical no sobrevolasen aquella noche la capital china, donde el artista norteamericano no interpretó ni «The Times They are A-Changing» ni «Blowing in the Wind», lo que desató las suspicacias, sobre todo entre la prensa occidental, respecto a las presiones de censura por parte de las autoridades chinas. La prensa del país asiático no recogió esa polémica y ni siquiera los grupos de oposición interna le dieron mayor importancia. La controversia venía precedida por la negativa del año anterior, cuando el artista norteamericano canceló la gira prevista en China por diferencias económicas y presuntas limitaciones de la censura del país asiático y las sospechas se agudizaron cuando se supo que en esta nueva gira Dylan no haría ni rueda de prensa ni comparecencias ante los medios de comunicación. Tras un segundo concierto en Shangai el cantante norteamericano abandonó el país y emitió una nota afirmando que las autoridades chinas le habían solicitado un listado de las canciones que iba a interpretar y que les había enviado la lista con las canciones que había interpretado en los conciertos de los tres meses anteriores y negó haber sufrido ningún tipo de presión sobre el repertorio anunciado. Al final, las sospechas quedaron flotando en el aire. Quienes esperaban que hiciese un alegato sobre la situación del artista disidente Ai Weiwei, que por entonces se encontraba detenido, se quedaron sin conocer la postura respecto a ese asunto de Baobo Dilun, que es como se conoce en el gigante asiático al bardo de Minnesota, cuyos fans disfrutaron entusiastamente del concierto, que sirvió para que Dylan renovase su eterna leyenda de artista controvertido.

5. Discografía

Bob Dylan

Columbia Records, 1962

El álbum debut del cantautor norteamericano fue producido por
John H. Hammond, legendario
cazatalentos de la Columbia Records, y era una recopilación de
estándares populares de la música
folk como el inevitable «The
House of the Rising Sun» (La casa
del sol naciente), aunque incluía
dos composiciones propias: «Talkin' New York» y «Song to Woody». Fue un debut sin muchas re-
percusiones: se vendió poco y no despertó mucho interés entre la crítica.
Sin embargo, se incluyó en el recopilatorio de nueve CDs editado en
2010 y volvió a editarse en 2013, aunque en esta ocasión el CD incluía
doce temas extra.

The Freewheelin' Bob Dylan

Columbia Records, 1963

En su segundo álbum aparece ya el Dylan compositor (escribió once de
los trece temas) y en poco tiempo fue alzado a referente generacional y
portavoz oficial del descontento juvenil. La portada del disco reproducía
la icónica imagen del cantante con su novia Suze Rotolo, aunque faltaba
poco para la entrada en escena de Joan Baez. Pero lo más destacado de
este trabajo es un tema que todavía hoy sigue vigente: «Blowin' in the

Wind», que saldría publicado también como sencillo. En el año de su publicación, llegó al número 22 del *Billboard* y al año siguiente fue número uno en el Reino Unido. La revista *Rolling Stone* incluyo *The Freewheelin' Bob Dylan* en el puesto 97 de los 500 mejores álbumes de todos los tiempos en 2003.

The Times They Are a-Changin'
Columbia Records, 1964

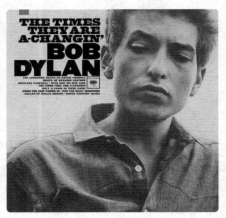

En poco menos de seis meses, Dylan sacó un trabajo diametralmente opuesto al anterior: si *Freewheelin' Bob Dylan* tenía luz, éste fue calificado de 'taciturno' por la crítica. Sin embargo, lejos de pasar desapercibido, *The Times They Are a-Changin'* escaló rápidamente posiciones en la lista de *Billboard* y el tema que daba título al álbum fue convertido rápidamente en un himno que han cantado, entre otros, Joan Baez, Phil Collins, Tracy Chapman, Simon and Garfunkel, Bruce Springsteen o Nina Simone. Cuando en 1996 Dylan autorizó al Banco de Montreal que la usase en su campaña publicitaria se armó un revuelo importante, pero el tema no sólo ha sido capaz de codearse con el sistema sin embrutecerse sino que sigue de perfecta actualidad a pesar de tener más de cincuenta años.

Another Side of Bob Dylan
Columbia Records, 1964

Aunque el cuarto álbum de Dylan no tuvo tanto éxito como los anteriores, guarda unas cuantas curiosidades que lo hacen entrañable, si es que puede atribuirse ese epíteto a un LP: algunos de los temas fueron compuestos en la parte trasera de una furgoneta con la que emprendió un viaje por los Estados Unidos con unos colegas en busca de inspiración; The Beatles irrumpieron de repente en la radio de la furgoneta y Dylan quedó tan prendado que cambió para siempre su música (al final de ese viaje se compraría su primera guitarra eléctrica) y la grabación de los temas se hizo toda en una sola noche (la del 9 de junio), mientras el cantante se ventilaba dos botellas enteras de *Beaujolais*, por lo que cuando llegó el momento de grabar «Mr Tambourine Man» le quedó tan mal que tuvieron que descartarlo y volverlo a grabar en el siguiente trabajo.

Bringing It All Back Home

Columbia Records, 1965

La entrada del Dylan en el mundo del rock. Atrás quedaban las melodías folk y las letras protesta. Por fortuna para él, la apuesta resultó ser a caballo ganador: *Bringing It All Back Home* subió hasta el primer puesto en las listas de ventas del Reino Unido y hasta la sexta posición en los Estados Unidos, además de ganarse la 31 posición en la lista de los 500 mejores álbumes de todos los tiempos de la revista *Rolling Stone* en 2003. La crítica del momento también saludó con entusiasmo la aparición de este quinto trabajo, compuesto en una máquina de escribir que tecleaba sin descanso acallando las quejas de su novia Joan Baez. (Para tranquilidad de todos, la chica que aparece en la portada del disco es la mujer de su mánager.)

Highway 61 Revisited

Columbia Records, 1965

El primer tema que suena aquí es una auténtica leyenda comprimida en seis minutos y trece segundos: «Like a Rolling Stone», catalogada como la mejor canción de todos los tiempos por la revista semi homónima, y que no inspiró el nombre de la mítica y longeva banda de rock, aunque curiosamente The Rolling Stones la interpretarían de manera sublime treinta años después. Un Dylan en estado de gracia firmó este álbum que crítica y público acogieron con reverencia y el tiempo convirtió en punto de inflexión musical. El título tenía algo de declaración de principios, ya que la *Highway 61*, también llamada 'Autopista del Blues' es la vía rápida que une la ciudad natal del autor –Duluth– con St. Louis, Memphis o Nueva Orleans, pasando cerca de los hogares de Elvis Presley y Muddy Waters, del motel donde asesinaron a Martin Luter King y del lugar donde tuvo su accidente mortal la 'emperatriz del blues' Bessie Smith.

Blonde on Blonde

Columbia Records, 1966

Este álbum es uno de los primeros discos dobles de la historia de la música moderna. Empezó a grabarse en la ciudad de Nueva York pero por alguna razón los músicos no lograban el resultado esperado y tras unos cuantos meses de intentos escasamente fructíferos Dylan decidió seguir la recomendación del productor y trasladarse a Nashville. Allí trabajaron con músicos de sesión locales y eliminaron las cabinas de sonido que separaban a los músicos en el estudio, provocando una cercanía que resultó mágica y el álbum fue grabado en unos pocos días. Como curiosidad, las primeras copias de *Blonde on Blonde* incluyen en su interior una fotografía de una jovencísima Claudia Cardinale que tuvo que ser retirada bajo amenaza de demanda.

John Wesley Harding
Columbia Records, 1967

Nuevo cambio radical de rumbo. Con el éxito de sus álbumes anteriores, Dylan empezó una extensa gira mundial de conciertos a los que se sumó la grabación de un documental y el reclamo de un libro de versos. Pero un oportuno accidente de moto lo retiró de la circulación y le permitió recluirse en su hogar durante unos cuantos meses, llevando una vida familiar, leyendo la biblia y tocando con amigos en privado. Volvió a la vida pública con este trabajo grabado en Nashville junto con un bajista y un batería y poco promocionado a petición suya. Pero dio igual: el coqueteo de Dylan con la música country alcanzó el número uno en el Reino Unido y Australia y el número dos en la *Billboard* norteamericana y es el 301 mejor álbum de todos los tiempos en la lista de 500 que elaboró la revista *Rolling Stone* en 2003. (La versión que hizo Jimi Hendrix de «All Along the Watchtower» es la 47 de las mejores 500 canciones.)

Bob Dylan's Greatest Hits
Columbia Records, 1967

El primer álbum recopilatorio de Dylan nació de la necesidad de la discográfica de sacar algo de su autor ante el paréntesis creativo que en que éste se encontraba tras su accidente demoto y su semiretiro en Woodstock justo cuando estaba teniendo tan buena aceptación comercial. La publicación recoge diez canciones («Mr Tambourine Man», «Like a Rolling Stone», «Just Like a Woman», «I Want You», «Blowin' in the Wind», «The Times They Are A-Chanchin'»...) y en la remasterización para el CD publicado en 1997 se incluye una versión más larga de «Positively 4th Street». La portada del álbum -una fotografía de Dylan tomada en un concierto- ganó el Grammy a mejor portada de álbum de ese año. *Bob Dylan Greatest Hits* llegó a la décima posición en la lista *Billboard* estadounidense y fue número tres en el Reino Unido.

Nashville Skyline

Columbia Records, 1969

Este noveno álbum recoge y amplía la tónica simple y profunda del anterior. Mientras lo grababa, Dylan recibió la visita de Johnny Cash y los dos amigos -y, afortunadamente, compañeros de discográfica- se lo pasaron en grande interpretando temas propios y versionando clásicos. Solamente la versión de «Girl from de North Country» -originariamente publicada en *The Freewheelin' Bob Dylan*- figura en este álbum, pero el resto de grabaciones circula alegremente entre los amantes de la música y hay tanto material disponible que siempre se habla de recopilarlas en un álbum que a día de hoy sigue inédito.

Self Portrait
Columbia Records, 1970

Recibido por el crítico musical de la revista *Rolling Stone*, Greil Marcus, con un contundente «¿Qué es esta mierda?» *Self Portrait* es un doble álbum de versiones, algunas canciones nuevas, algún tema instrumental y cuatro en directo. Refiriéndose a la versión que Dylan hacía de «The Boxer», de Paul Simon, el citado crítico especificaba: «Jesús, ¿no es horrible?». A pesar de éstas y otras lindeces, el álbum se encaramó al primer puesto de la lista británica *UK Albums Chart* y al cuarto de la norteamericana *Billboard*. En 2013, Sony Music y Legacy Recordings publicaron *Another Self Portrait (1969-197)* añadiendo nueve temas y, esta vez sí, complacieron a la crítica. «Simplemente fantástico» sentenció el amigo Marcus. La edición *deluxe* incluye un tercer disco con el concierto de Dylan y The Band en el Festival de la Isla de Wight en agosto de 1970.

New Morning
Columbia Records, 1970

A finales de octubre de 1970 salió a la venta el álbum «por el que todos los seguidores de Dylan habían estado rezando después de *Self Portrait*», tal y como escribió a modo de resumen el crítico de la revista *Rolling Stone*. Lo primero que llama la atención en este álbum es la recuperación de una inconfundible voz nasal que parecía haber desaparecido tras un par de años cantando como un *cronner* para pasmo de algunos. La crítica coincidió en que Dylan estaba de regreso con este décimo trabajo, tras el célebre «¿Qué es esta mierda?» que le habían llegado a colgar a *Self Portrait* y todo el mundo pudo respirar tranquilo. Sólo habían pasado cinco meses entre un trabajo y el otro.

Bob Dylan's Greatest Hits Vol. II
Columbia Records, 1971

Este segundo álbum recopilatorio, a pesar de ser un 'Grandes éxitos', incluye cinco temas inéditos y un sencillo aparecido meses antes, «Watching the River Flow», entre los veintiún cortes. Rememorando el éxito de la portada del primer recopilatorio, reproduce otra fotografía de Dylan esta vez de su participación en el concierto benéfico en favor de Bangladesh organizado por George Harrison y Ravi Shankar. En 2003, el álbum fue publicado junto a los otros dos recopilatorios en el CD *Greatest Hits Volumes I-III*.

Pat Garret & Billy the Kid
Columbia Records, 1973

Banda Sonora de la película homónima de Sam Peckinpah, al director de cine le gustó tanto lo que Dylan le iba enseñando que le acabó ofreciendo un papel en el filme, interpretando a uno de los hombres de la banda de Billy el Niño. Los diez temas que componen este álbum no parecían tener mucho peso por sí solos, pero escondían un diamante que no pasó desapercibido a nadie: la aplaudidísima y versionadísima «Knockin' on Heaven's Door». Eric Clapton, Lana del Rey, Guns 'N Roses, Anthony and the Johnsons, Avril Lavigne y todos los que alguna vez en su vida han rascado una guitarra con intención de aprender a tocarla han hecho sonar los acordes de un tema que brilló con luz propia en el último trabajo que grabaría Dylan para Columbia Records en una buena temporada.

Dylan
Columbia Records, 1973

La discográfica editó este álbum en 1973 con un par de temas descartados de la grabación de *Self Portrait* y otros siete descartes de *New Morning*, cuando el cantautor ya no estaba con ellos. No tiene nada que ver con el recopilatorio *Dylan*, publicado en 2007 y sí es el mismo que en algunos países europeos se llamó *A Fool Such As I*. La crítica volvió a sacar la pluma para vapulear este trabajo que recibió, entre otros, los epítetos de «vergonzoso e inescuchable», y alguno quiso ver en él la venganza de Columbia Records por el abandono de su antiguo empleado. Hasta el momento, *Dylan* no ha sido editado en CD en los Estados Unidos, aunque sí en Europa y también figura en *The Complete Album Collection Vol.One*.

Planet Waves
Asylum Records, 1974

Planet Waves es el primer álbum de Bob Dylan en llegar al puesto número uno de la lista *Billboard 200* norteamericana. En el Reino Unido llegó a la séptima posición y también entró en las listas de los diez más vendidos en Austria, Noruega y Países Bajos. Todas las canciones del álbum son compuestas por él mismo y tienen un marcado tono personal e intimista. Incluso la portada del disco reproduce un óleo pintado por Dylan, al igual que *Self Portrait*. Su nuevo sello discográfico, Asylum Records, hizo coincidir el lanzamiento del álbum con el inicio de la primera gira que hacía el cantante en ocho años.

Before the Flood

Asylum Records, 1974

Este doble álbum recoge la gira de cuarenta conciertos que Dylan hizo en 1974 con The Band. A pesar de coincidir en el tiempo con el lanzamiento de su último trabajo, *Planet Waves*, pocas de sus canciones sonaron en las veintiuna ciudades que vieron el retorno del artista a los escenarios y ninguna de ellas aparece en el álbum. *Before the Flood* recoge grabaciones de los conciertos de Filadelfia, Nueva York, Seattle, Oakland y Los Angeles.

Blood on the Tracks

Columbia Records, 1975

El regreso de Dylan a su anterior sello discográfico, tras su paso por Asylum, llegó de la mano de un trabajo que sólo hablaba de soledad, ira y angustia. Recientemente separado de su mujer, Sara, el cantautor se apresuró a negar que las letras de las canciones fueran autobiográficas, pero unos años más tarde su hijo menor, Jakob –líder de la banda The Wallflowers- declaró que este álbum eran sus padres hablando. Sea como fuere, el desnudo emocional del cantante fue considerado por la revista *Rolling Stone* el dieciseisavo mejor álbum de todos los tiempos. Fue número uno en ventas en Estados Unidos y el cuarto en el Reino Unido y sigue siendo uno de sus trabajos más vendidos.

The Basement Tapes

Columbia Records, 1975

En enero de 1975, Dylan autorizó a Columbia Records para que publicase algunas de las grabaciones que había estado haciendo ocho años antes con los músicos de The Hawk –la posterior The Band- en el sótano de la casa que estos tenían alquilada cerca de Woodstock, donde Dylan se retiró para llevar una vida doméstica y rural con su mujer y sus niños tras el accidente de moto que le apartó de la primera línea. Se trataba de grabaciones informales y sin ninguna pretensión que habían estado corriendo por discos piratas hasta que Columbia se decidió a publicarlas para agrado de prensa y público.

Desire

Columbia Records, 1976

El 174 mejor álbum de todos los tiempos según la revista *Rolling Stone* fue número uno en la lista *Billboard* americana durante cinco semanas seguidas tras su publicación y vendió más de dos millones de copias en los Estados Unidos. En el Reino Unido llegó al número tres. *Desire* es el decimoséptimo álbum de estudio de Bob Dylan y sólo incluye dos temas exclusivamente suyos: «Sara» –escrita en 1975 cuando ya se estaba distanciando de su mujer– y «One More Cup of Coffee». Las otras siete las escribió a medias con Jacques Levy, escritor y director de teatro que había co-firmado uno de los éxitos del grupo The Byrds, «Chestnut Mare».

Hard Rain
Columbia Records, 1976

Directo de la gira *Rolling Thunder Revue*, que Dylan hizo en dos etapas: una primera por el noroeste de los Estados Unidos y Canadá en otoño de 1975 y la segunda por la costa oeste en primavera de 1976. El concierto de Colorado ofrecido el 23 de mayo de este último año, fue grabado para un especial televisivo por la cadena NBC y de esa grabación se extrajeron los temas  que conforman *Hard Rain*. Aunque la crítica había aplaudido a rabiar la primera etapa de la gira, la segunda fue claramente inferior y el último concierto acabó con la mitad de las entradas en la taquilla. Columbia Records publicaría en 2002 un álbum de la primera etapa con temas grabados directamente de la mesa de sonido, *The Bootleg Series Vol.5 Bob Dylan Live 1975: The Rolling Thunder Revue*.

Street Legal
Columbia Records, 1978

 Dylan grabó este trabajo en cuatro días, nervioso y agotado a causa de la batalla que estaba libando por la custodia de sus hijos y por el estreno inminente de su película *Renaldo and Clara*. Las canciones no están bien grabadas, hasta el punto de que el productor de Columbia volvió a mezclarlas en 1999 usando tecnología digital en un intento por mejorarlas, trabajo que salió publicado en 2003. *Street Legal* fue bien acogido en Europa, llegando al número tres de la lista *UK Album Chart* y entre los diez primeros en Austria, Norue-

ga, Suecia y Países Bajos. En los Estados Unidos no pasó de la onceaba posición. Pero lo más destacable de este álbum probablemente sea que permite vislumbrar ya el nuevo giro vital del cantautor, que se convertiría al cristianismo al año siguiente dejando incluso de interpretar sus canciones más seculares en los conciertos.

Bob Dylan at Budokan
Columbia Records, 1979

Este álbum recoge los conciertos que Dylan ofreció los días 28 de febrero y 1 de marzo de 1978 en el Nippon Budokan de Tokio y originariamente iba a distribuirse sólo en Japón. Unos meses más tarde, se comercializó también en Australia y finalmente, ante el alud de copias de importación que circulaban por Europa, Columbia Records se decidió a publicar el álbum a nivel mundial. Los conciertos grabados formaban parte de una gira mundial donde repasaba sus temas más conocidos con arreglos radicalmente nuevos y con la inclusión de un coro femenino. Al crítico Jimmy Guterman lo le gustaron los arreglos y los calificó de «aleatorios, indiscriminados y entorpecedores» en el libro *The Worst Rock n'Roll Records of All Time (Albums)* (Los peores álbumes de rock n'roll de todos los tiempos, en la traducción), que publicó en 1991 junto con Owen O'Donnell. Dylan figura en la posición veintiuno de la lista con este trabajo, pero se gana a sí mismo con *Self Portrait* en la tercera.

Slow Train Coming
Columbia Records, 1979

Todas las canciones que componen *Slow Train Coming* hacen referencia a la conversión del músico a la fe cristiana, como también lo harían sus dos siguientes discos. (Dylan llegó a afirmar que había sentido la presencia de Jesús en su habitación de hotel y estaba convencido de que el final de los tiempos estaba al caer). Tres de los músicos con los que grabó este trabajo profesaban su misma fe, pero no así Mark Knopfler -líder de los entonces recién nacidos Dire Straits- que formó parte del equipo de estudio. El productor del álbum, Jerry Wexler, mítico nombre de la historia del blues y del estudio de grabación Muscle Shoals de Alabama donde se grabó *Slow Train Coming*, llegó a pedir a Dylan que le dejara tranquilo en su afán evangelizador.

Saved
Columbia Records, 1980

Dylan siguió trabajando con el productor de soul Jerry Wexler en este disco, grabado en el legendario Muscle Shoals de Alabama y muy influenciado por la música gospel, lo que unido a las letras claramente evangelizadora de las canciones dejó noqueado a más de un crítico musical, aunque el título del álbum no engañaba a nadie (*Saved* significa 'Salvados'). Tercer puesto en la lista *UK Albums Chart* británica, no consiguió pasar del puesto veinticuatro en la *Billboard* norteamericana. La portada de *Saved* empezó reproduciendo una pintura de Tony Wright que muestra la mano de Dios tocando manos humanas, para ser substituida poco después por una imagen de Dylan sobre el escenario y volver a recuperar finalmente la pintura de Wright.

Shot of Love
Columbia Records, 1981

El álbum que cierra la trilogía de temática religiosa iniciada con *Slow Train Coming* incorpora ya algunos temas seculares, como canciones de amor y una oda al célebre humorista Lenny Bruce. *Shot of Love* es una nueva vuelta de Dylan hacia el rock tras su paseo por el gospel, y su publicación consiguió despertar un leve interés en Europa –llegó a número seis en la *UK Albums Chart* británica- pero en los Estados Unidos las ventas siguieron en caída libre, ocupando la posición treinta y tres de la lista *Billboard*, a pesar de realizar una gira para apoyarlo.

Infidels

Columbia Records, 1983

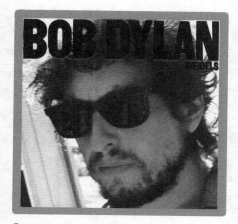

Con lo que ya parecía ser la máxima «por sus títulos le conoceréis», *Infidels* (Infieles, en español) es el primer trabajo secular de Dylan tras la experiencia religiosa y coincide con la irrupción de la tecnología digital en el mundo de la producción musical, lo que le debió coger tan fuera de banda que se apresuró a contratar de nuevo los servicios de Mark Knopfler –líder de la banda Dire Straits, con quien ya había trabajado en la grabación de *Slow Train Coming*- para que le ayudara a adaptarse a los nuevos tiempos. Además de los temas recogidos en *Infidels*, las grabaciones fueron tan fructíferas que varios descartes aparecen incluidos en *The Bootleg Series Vol 1-3 (Rare & Released. 1961-1991)*. Sin embargo, el disco tuvo buenas críticas pero malas ventas.

Real Live

Columbia Records, 1984

Real Life recoge el concierto que Dylan dio en el Wembley Stadium de Londres (Reino Unido) el 7 de julio de 1984, casi en el cierre de su gira europea para la promoción de *Infidels*, aunque dos temas del álbum pertenecen a la actuación de Newcastle («License to Kill» y «Tombstone Blues») y otras dos («I and I» y «Girl from the North Country») a la del último concierto, en Slane Castle (Irlanda). La gira le había llevado a España los días 26 y 28 de junio, donde actuó en el estadio del Rayo Vallecano en Madrid y en el Mini Estadi de Barcelona. Carlos Santana le acompañó a la guitarra en todos los conciertos.

Biograph
Columbia Records, 1985

Caja recopilatoria con cincuenta y tres cortes que resumen la trayectoria musical de Dylan desde sus debut en 1962 hasta el álbum *Shot of Love (1981)*, que no siguen un orden cronológico y de los que veintidós son inéditos. Además, incluye un folleto de cuarenta y dos fotos con un texto de Cameron Crowe, columnista de *Rolling Stone* y director de cine (Entre sus títulos, *Jerry Macguire* y *Vanilla Sky*)

Empire Burlesque
Columbia Records, 1985

Dylan se encargó personalmente de producir este álbum, el vigésimo tercero de su carrera, cuya grabación demoró más de dos años. Por en medio, realizó una gira por Europa que le cogió buena parte de 1984. Tampoco la promoción del disco disfrutó de las mejores condiciones posibles, ya que quedó bastante eclipsada por la participación del cantautor en el tema «We Are the World» y el concierto benéfico *Live Aid* destinados a recaudar fondos para paliar la crisis de hambruna que estaba azotando Etiopía. *Empire Burlesque* fue Disco de Oro en Canadá, pero no pasó del puesto treinta y tres en la lista de ventas *Billboard* estadounidense y del once en la *UK Albums Charts* británica.

Knocked out Loaded

Columbia Records, 1986

 Este álbum está considerado por la crítica especializada como una obra menor, aunque incluye un tema de once minutos de duración, «Brownsville Girl», compuesto a medias con Sam Shepard, una de las plumas más notables del panorama anglosajón, casado con la actriz Jessica Lange en pleno apogeo de su carrera, con quien Dylan ya había colaborado para el filme *Renaldo and Clara*. Ni crítica ni público secundaron la propuesta y Dylan no ha tocado prácticamente ninguna de las canciones que componen este álbum en sus directos.

Down in the Groove

Columbia Records, 1988

En el año 2007, la revista *Rolling Stone* sentenció que *Down in the Groove* era (no nos consta si lo sigue siendo) «el peor álbum del catálogo musical de Dylan». De los diez temas que lo componen, sólo dos son exclusivamente suyos, otros dos los firma con el letrista Robert Hunter (con quien volvería a colaborar veinte años después, en el álbum *Together Through Life*), hay un tema tradicional y los cinco restantes son versiones de otros autores. La lista de ventas estadounidense *Billboard* le reservó su posición número sesenta y uno y la británica *UK Albums Chart* –a menudo más predispuesta para con la trayectoria musical de Dylan– la treinta y dos.

Oh Mercy

Columbia Pictures, 1989

La petición de clemencia que gritaba Dylan desde el título de este álbum (*Mercy* significa 'compasión' en español) fue sorprendentemente atendida por el mundo: Sexto puesto en la lista de ventas británica y una escalada de treinta posiciones en la estadounidense con respecto al trabajo anterior pero, sobre todo, la reverencia de la crítica, que proclamó: «Dylan ha vuelto». Y así era. Tras un tiempo de sequía creativa, había dejado de agobiarse con la necesidad de escribir y cuando más relajado se sentía regresó de nuevo la inspiración y escribió sin esfuerzo una veintena de canciones en un mes.

Dylan & the Dead

Columbia Records, 1989

Directo de la gira que hizo junto con los Grateful Dead en 1987, aunque este álbum sólo lo conforman siete temas de Dylan. De todos modos, la crítica lo tiene considerado uno de los peores trabajos del de Minnesota y uno de los peores también de los rockeros. Y sin embargo, tras su lanzamiento se situó en los puestos treinta y siete de la lista de ventas estadounidense y treinta y ocho de la británica.

Dylan & the Dead fue producido por el líder de los Grateful Dead, Jerry García.

Under the Red Sky

Columbia Records, 1990

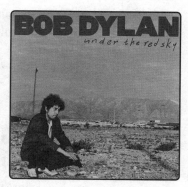

Under the Red Sky fue grabado durante la época en que Dylan formó parte de *The Traveling Wilburys* (Los Wilbury viajeros), un grupo británico-estadounidense formado por George Harrison, Jeff Lynne, Roy Orbison, Tom Petty y él mismo. Harrison intervino en la grabación de este álbum, y también lo hizo Elton John tocando el piano entre una lista de veintidós músicos en el estudio. La prensa especializada, que había estado conteniendo el aliento, se mostró decepcionada con el resultado final. La mala acogida del disco y el divorcio de su segunda mujer sumieron a Dylan en una seria depresión.

Rare & Unreleased 1961-1991. The Bootleg Series Vol. I-III
Columbia Pictures, 1991

Caja recopilatoria de tres discos donde se recogen cuarenta y seis temas descartados de sesiones de grabación más cinco grabaciones en directo y seis demos caseras entre las que se esconde un tema inédito, «Wallflowers», que lleva el mismo nombre que utilizó su hijo Jakob a la hora de bautizar la banda de rock alternativo que formó en 1989. Columbia Records se lanzó a la preparación de este recopilatorio haciéndose eco de la creciente demanda por parte del público de material largamente pirateado.

Good as I Been to You
Columbia Records, 1992

Armado con una guitarra acústica, una armónica y una voz francamente envejecida, Dylan dio un nuevo golpe de timón con este álbum que recuperaba la propuesta folk de sus inicios, con trece temas tradicionales o tan conocidos que ya nadie sabía de quién eran. Hubo problemas tras la publicación de este trabajo acústico, porque acreditaba todos los arreglos a Dylan cuando en realidad sólo eran suyos poco más de la mitad. Pero la apuesta funcionó lo suficientemente bien como para animar al músico a regresar un año después con una secuela: *World Gone Wrong*.

Bob Dylan. The 30th Anniversary Concert Celebration
Columbia Records, 1993

Grabado en directo en el Madison Square Garden de Nueva York el 16 de octubre de 1992, este álbum es un rendido homenaje del gremio a uno de los grandes nombres de la música actual. George Harrison, Stevie Wonder, Eric Clapton, Chrissie Hynde (de Pretenders), Tracy Chapman, Neil Young o Lou Reed fueron algunos de los artistas que subieron al escenario a versionar los temas más conocidos de Dylan. Este álbum de dos discos no recoge el concierto entero, por lo que algunas pequeñas joyas quedaron fuera de él (el «If Not for You» que interpretó George Harrison, por ejemplo), en favor del par de temas interpretados por el propio homenajeado, pero en la reedición de 2014 se recuperaron el «I Believe in You» que hizo Sinead O'Connor y el «Don't Think Twice, It's All Right» del que se encargó Eric Clapton.

World Gone Wrong
Columbia Records, 1993

Dylan grabó las diez canciones que componen este álbum, la mayoría de ellas tradicionales, en el garaje de su casa de Malibú (California), todas ellas en un par de días y sin cambiar ni una cuerda de su guitarra acústica, lo que da al disco un sonido bastante rudimentario. Esta segunda incursión en el folk desde su regreso un año antes le valió un premio Grammy al mejor álbum de folk tradicional, pero crítica y público no se mostraron muy interesados en seguir a Dylan por esos derroteros y el concierto televisivo que organizó para promocionarlo ni siquiera llegó a emitirse.

Bob Dylan's Greatest Hits Volume 3
Columbia Records, 1994

El tercer recopilatorio publicado por Columbia Records incluye canciones editadas entre 1973 y 1991, como «Changing of the Guards», «Hurricane» o «Knockin' on Heaven's Door». Ofrece también el tema inédito hasta entonces «Dignity», que había sido grabada en estudio durante la elaboración de *Oh Mercy* pero que quedó finalmente descartado y se publica aquí por primera vez, remezclado y sobreproducido para la ocasión (se le eliminó la guitarra *slide* y se le añadió una nueva pista de guitarra eléctrica y órgano). En 2003, el álbum fue reeditado junto a los otros dos *Greatest Hits* en una única caja de cuatro discos titulada *Greatest Hits Volumes I-III.*

Bob Dylan. MTV Unplugged
Bob Dylan, 1995

El *Unplugged* de Dylan para la cadena televisiva MTV es uno de los álbumes con mayor número de ventas de su trayectoria musical. Acompañado en el plató por cinco músicos y con público presente, el artista hizo dos grabaciones completas en dos días consecutivos pero utilizando el mismo vestuario para dar continuidad a las tomas. Sólo repitió un tema en las dos actuaciones, «The Times They Are A-Changin», y falló al principio de otro, «Tonigh I'll Be Staying Here with You», que paró y volvió a empezar.

Time Out of Mind
Columbia Records, 1997

Tres premios Grammy (Álbum del año, Mejor álbum de folk contemporáneo y Mejor interpretación vocal de rock masculina por «Cold Irons Bound») y el puesto número 408 en la lista de 500 mejores álbumes de todos los tiempos de la revista *Rolling Stone* avalan este primer trabajo de Dylan con canciones propias y nuevas después de siete años de versiones, *unpluggeds*, directos y homenajes. La sequía creativa parecía haber quedado atrás. En la 40ª edición de los Grammy, Dylan agradeció al ejecutivo de Columbia Records, Don Ienner, que le hubiese convencido de grabarlo «aunque su canción favorita acabara descartada».

Live 1966: The 'Royal Albert Hall' Concert. The Bootleg Series Vol. 4
Columbia Records, 1998

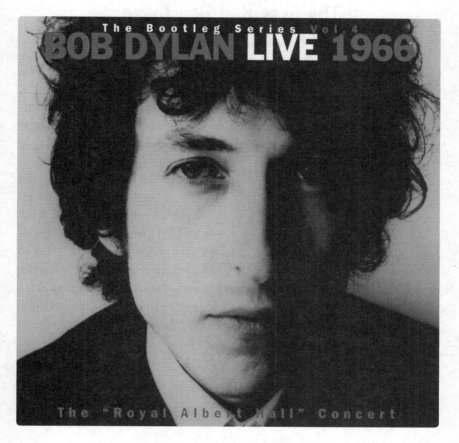

El álbum recoge el concierto de Dylan en el Free Trade Hall de Man-chester (Inglaterra) durante su gira mundial de 1966, aunque en los pri-meros tiempos se dijo que se trataba de uno de los concierto del Royal Albert Hall de Londres. En la primera parte, el músico salía solo al es-cenario e interpretaba sus temas en acústico. En la segunda, se acom-pañaba del grupo The Hawks evidenciando el giro que estaba dando su trayectoria hacia el sonido electrónico y llevándose un buen abucheo del público asistente y algún que otro insulto. «¡Judas!», gritó alguien cuando las guitarras eléctricas empezaron a desgranar los primeros compases de «Like a Rolling Stone». Dylan miró a la banda y les dijo: «Tocad jodidamente alto».

The Essential Bob Dylan
Columbia Records, 2000

Este recopilatorio de Dylan forma parte de la colección *The Essential* que el sello discográfico Columbia Records empezó a publicar en 2000. En el caso de Dylan, el recorrido por su trayectoria musical empieza con «Blowin in the Wind» e incluye todos los imprescindibles hasta llegar al tema «Things Have Changed», ganadora de un Oscar a mejor canción original por la película *Wonder Boys* (Jóvenes prodigiosos), de Curtis Hanson. La edición estadounidense incluye treinta temas, pero las ediciones británica y australiana ofrecen seis temas más. Además, hay una edición limitada de 2009 que tiene un tercer disco con otros seis temas.

Love & Theft
Columbia Records, 2001

Columbia Records publicó *Love & Theft* en dos formatos físicos: CD y disco de vinilo y dos años después volvió a remasterizarlo y reeditarlo. El álbum fue elegido mejor disco del año por los lectores de *The Village Voice* y por la revista *Rolling Stone*, mientras que el semanario *Newsweek* lo eligió segundo mejor álbum de la década y la revista *Glide* el primero. Asimismo, *Rolling Stone* le dio la posición 384 de los 500 mejores álbu-

mes de todos los tiempos que publicó en 2012. Considerado el segundo
álbum de la trilogía conceptual empezada cuatro años antes con la publicación de *Time Out of Mine* y que *Modern Times* cerraría un lustro después, *Love & Theft* alcanzó en quinto puesto de la lista *Billboard* estadounidense y ganó el premio Grammy al mejor álbum de folk contemporáneo.

Bob Dylan Live 1975. The Rolling Thunder Revue. The Bootleg Series Vol. 5
Columbia Records, 2002

Este álbum recopila temas de varios conciertos de la gira *The Rolling
Thunder Revue* que recorrió Estados Unidos y Canadá entre octubre de
1975 y mayo de 1976. Joan Baez pone guitarra y voz en cuatro temas:
«Blowin' in the Wind», «Mama, You Been on My Mind», «I Shall Be

Released» y «The Water Is Wide», ya que la gira reunió a un grupo de músicos itinerantes. La tercera entrega de la colección *The Bootleg Series* fue bien recibida por críticos y seguidores, siendo Disco de Oro en los Estados Unidos.

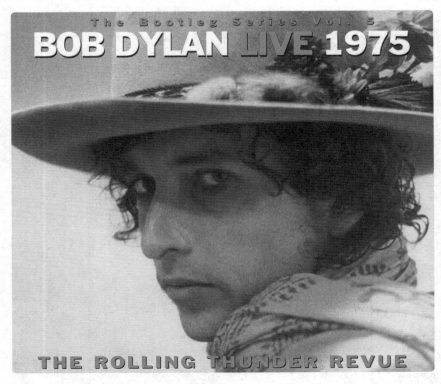

Bob Dylan Live 1964, Concert at Philharmonic Hall. The Bootleg Series Vol. 6
Columbia Records, 2004

La noche de Halloween de 1964 ofreció, entre otras propuestas, este concierto acústico de Dylan en la sala Philharmonic Hall de Nueva York en el que intervino también su amiga Joan Baez, acompañándole con la voz en cuatro temas. El repertorio del concierto estuvo marcado por el carácter reivindicativo, pero incluyó el estreno de tres canciones que no tenían nada que ver con la canción protesta y que dejaron traslucir su nuevo viraje hacia el diálogo interior y la lírica introspectiva: «Mr Tambourine Man», «It's Alright Ma (I'm Only Bleeding)» y «Gates of Eden». El biógrafo Clinton Heylin afirmó sin ambages que Dylan estaba «claramente drogado» durante el concierto.

Live at The Gaslight 1962

Columbia Records, 2005

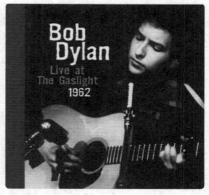

El álbum recoge diez temas de los primeros conciertos que dio Dylan en el Gaslight Café de Greenwich Village, en Nueva York, al principio de su carrera, antes de saltar a la fama y grabar su primer disco. Durante dieciocho meses, fue distribuido en exclusiva por la cadena de cafeterías Starbucks, como ya había hecho con trabajos de The Rolling Stones y Alanis Morissette, por un acuerdo entre ésta y Columbia. Las canciones habían sido grabadas por el propio Dylan en un magnetófono. La grabación completa, que incluye diecisiete canciones, es conocida entre los coleccionistas como *Second Gaslight Tape*.

Live at Carnegie Hall 1963

Columbia Records, 2004

Live at Carnegie Hall es un EP compuesto por seis temas del concierto que Dylan ofreció en la mítica sala de Manhattan (Nueva York) el 26 de octubre de 1963. Las canciones incluidas son «The Times They Are A-Changin'», «Ballads of Hollis Brown», «Boots of Spanish Leather», «Lay Down Your Weary Tune», «North Country Blues» y «With God on Our Side». Los quince temas interpretados que no entraron en el EP aparecen recogidos en los volúmenes 1-3 y 7 de *The Bootleg* (dos en cada uno).

No Direction Home: The Soundtrack. The Bootleg Series Vol. 7

Columbia Records y Legacy Recordings, 2005

El cuarto volumen de la colección *The Bootleg* recoge la banda sonora del documental *No Direction Home*, dirigido por el cineasta Martin Scorsese a partir de una idea de Jeff Rosen, representante de Dylan. La banda sonora ofrece algunos de los temas más destacados del músico desde su debut hasta su primera gira mundial en 1966 y en el doble disco se incluyen algunos descartes de estudio inéditos hasta el momento. El resultado final tuvo una muy buena acogida comercial, vendiendo más de 50.000 copias en los Estados Unidos en la primera semana y colocándose en el puesto dieciséis de la lista *Billboard* estadounidense. En la *UK Albums Chart* británica alcanzó el veintiuno.

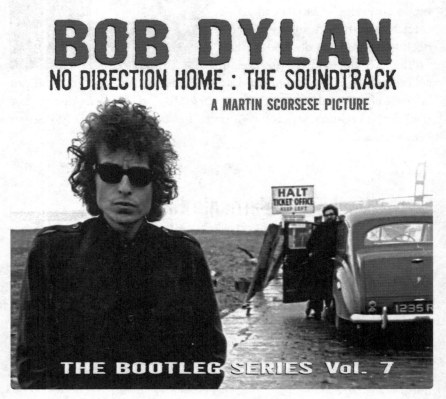

Modern Times

Columbia Records, 2006

Número uno en los Estados Unidos (hacía treinta años del último, *Desire*), Australia, Canadá, Dinamarca, Noruega, Irlanda, Nueva Zelanda y Suiza. Bob Dylan fue el artista más viejo en hacerse con la primera posición de la *Billboard* estadounidense, a la edad de 65 años, hasta que fue desbancado por Tony Bennet en 2014 y su *Check to Check* a medias con Lady Gaga. El álbum, que para muchos críticos cierra la trilogía conceptual iniciada con *Time Out of Mine* y seguida por *Love & Theft* (cosa que el mismo Dylan negó en una entrevista para la revista *Rolling Stone*), está considerado por la prensa especializada como una de sus obras maestras.

Bob Dylan Blues

Columbia Records, 2006

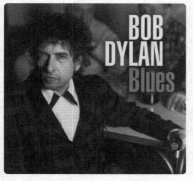

Blues es un disco recopilatorio de sencillos de Dylan que la discográfica Columbia editó en 2006 para distribución exclusiva de la mayor cadena de librerías de los Estados Unidos, Barnes & Noble, aunque actualmente ya se puede obtener en Amazon y otras distribuidoras. A pesar de la contundencia de su título, el disco no esconde una incursión del músico en el género propiamente dicho, sino que pretende mostrar la influencia que ha tenido el blues en muchas de sus composiciones.

Dylan
Columbia Records y Legacy Recordings, 2007

Enésimo disco recopilatorio de Dylan, esta vez recogiendo sus temas más destacados desde 1962 hasta 2006 y con una edición *deluxe* que dura más de doscientos veintidós minutos (la edición estándar no llega a los noventa). En Dinamarca, se hizo con el número uno en ventas, no así en los Estados Unidos, donde se estancó en el puesto 93. Curiosamente, el sencillo que sirvió para promocionar el nuevo lanzamiento fue un *remix* del tema «Most Likely You'll Go Your Way (And I'll Go Mine)» que mezcló el DJ Mark Ronson –conocido por sus trabajos con Amy Winehouse o Christina Aguilera– y que no figura en el álbum.

Tell Tale Signs: Rare and Unreleased 1989-2006. The Bootleg Series Vol. 8
Columbia Records, 2008

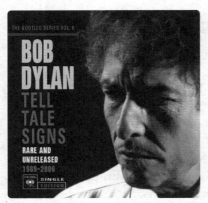

El octavo volumen de la colección *The Bootleg* está compuesto por descartes y canciones inéditas de Dylan entre las grabaciones de los álbumes *Oh Mercy* (1989) y *Modern Times* (2006), las canciones que escribió para la banda sonora de tres películas –«Cross the Green Mountain», que cierra la banda sonora de la película *Gods and Generals* (*Dioses y generales*, 2003); «Tell Ol'Bill», que escribió para *North Country* (*En tierra de hombres*, 2006); y «Huck's Tune», que se incluye en *Lucky You* (2007). Finalmente, el álbum se cierra con algunas actuaciones en directo de su gira *Never Ending Tour*.

Together Through Life

Columbia Records, 2009

La trigésimo tercera entrada de Dylan
en un estudio de grabación –concretamente en los Groove Masters
Studios de Santa Monica, California– dio como resultado un rotundo
número uno en las listas de ventas de
varios países: Estados Unidos (donde
vendió 125.000 copias en la primera
semana), Reino Unido, Canadá, Austria, Suecia, Dinamarca y Argentina.
En Alemania, Noruega y Suiza se

hizo con la segunda posición y en Bélgica, Países Bajos y Nueva Zelanda
con la tercera. Bob Dylan, que tenía 68 años cuando grabó este álbum, le
estaba diciendo al mundo que tenía cuerda para rato.

Christmas in the Heart

Columbia Records, 2009

La idea de gravar un disco de villancicos (el título del álbum traducido al
español es *Navidad en el corazón*) estuvo rondando durante algunos años
por la cabeza de Dylan hasta que tomó forma en 2009 bajo el paraguas
de una buena causa benéfica: las ganancias por derechos de autor de
las ventas en Estados Unidos fueron donadas a la organización Feeding
America (Alimentando América, en español) mientras que el Programa
Mundial de Alimentos de las Naciones Unidas y la ONG británica Crisis
recibieron las ganancias a nivel mundial. *Christmas in the Heart* fue el
álbum de Navidad más vendido en los Estados Unidos ese año según la
lista *Billboard*.

The Witmark Demos: 1962-1964. The Bootleg Series Vol. 9

Columbia Records, 2010

Recuperación de las cuarenta y siete demos grabadas por Dylan para sus dos primeras discográficas, Leeds Music y M. Witmark & Sons, entre 1962 y 1964. Armado con una guitarra acústica y una armónica, Dylan grabó ocho demos para Leeds y treinta y nueve con Witmark, que se vendían a otros artistas para que las regrabasen. De cada demo vendida, Dylan solo veía el dos por ciento de los derechos de autor. Muchas de las demos fueron grabadas posteriormente por él mismo para distintos álbumes, pero quince de las piezas que se incluyen sólo habían circulado hasta el momento en copias pirata. Con la compra de *The Witmark Demos*, varias tiendas regalaron *In Concert Brandeis University 1963*, un concierto inédito lanzado oficialmente por Columbia un año después.

The Original Mono Recordings
Columbia Records y Legacy Recordings, 2010

Caja recopilatoria con los ocho primeros álbumes de estudio de Dylan
en sonido monoaural (no incluye *Bob Dylan' Greatest Hits*) más un libre-
to de cincuenta y seis páginas con información sobre la discografía de
Dylan, fotografías y un ensayo del crítico musical Greil Marcus.

In Concert - Brandeis University 1963
Columbia Records, 2011

Este álbum recoge el concierto que ofreció Dylan en el campus de la
Universidad de Brandeis (en la localidad de Waltham, Massachusetts) el
1º de mayo de 1963. El Festival de Folk de Brandeis duraba un par de
días y en realidad era (y sigue siendo) una fiesta popular, por lo que no
se trata ni mucho menos de un concierto propiamente dicho, sino de la
interpretación de siete temas, que son los que componen este disco que
no llega a los cuarenta minutos de duración. En realidad, se trata de una
grabación *amateur* que hizo el fundador de la revista *Rolling Stone*, Ralph
Gleason, y que fue encontrada en el sótano de su casa cuando éste falleció. Columbia Records publicó la grabación aunque empieza cuando la
primera canción ya va por la mitad.

Tempest
Columbia Records, 2012

«El álbum más oscuro del catálogo de Dylan» en palabras del crítico de
la revista *Rolling Stone*, Will Hermes, fue muy bien recibido por la prensa
especializada y no tanto por el público, que lo compró en masa pero no
repitió la hazaña de 2009. El músico volvió a contar con la colaboración
de David Hidalgo, del grupo de *tex-mex* Los Lobos en guitarra, acordeón

y violín, como ya había hecho en los anteriores *Together Through Life* y *Christmas in the Heart*. En esta ocasión, Hidalgo sorprendió al artista con un instrumento tradicional cubano, el 'tres', una especie de guitarra cuyo sonido gustó tanto a Dylan que fue incorporado a la grabación.

Another Self Portrait (1969-1971). The Bootleg Series Vol. 10
Columbia Records, 2013

Este décimo volumen de *The Bootleg* recoge las demos de las sesiones de grabación de los álbumes *Self Portrait* y *New Morning* en un doble CD. En su edición *deluxe* incluye un tercer CD con el concierto de Dylan en la Isla de Wright en 1969 y un cuarto CD con *Self Portrait* remasterizado digitalmente, además de dos ensayos sobre Dylan y material fotográfico. La prensa especializada acogió muy bien este nuevo material, ya que en conjunto consideró que venía a solventar algunos errores de sobreproducción propios de la década de los setenta.

The Complete Album Collection Vol. One
Columbia Records y Legacy Recordings, 2013

Caja recopilatoria de la trayectoria musical de Bob Dylan que incluye treinta y cinco álbumes de estudio, seis directos y un doble recopilatorio –*Side Tracks*- con material ya publicado en los tres *Greatest Hits*, *Biograph* y *The Essential Bob Dylan*. También ofrece una introducción escrita por el ejecutivo de la MTV Bill Flanagan y un comentario de cada uno de los álbumes a cargo del experto 'dylaniano' Clinton Heylin.

The Basement Tapes Complete. The Bootleg Series Vol. 11

Columbia Records, 2014

Seis discos con todo el material que Dylan grabó junto con los músicos de The Band entre la primavera y el verano de 1967, durante su retiro en Woodstock tras un accidente de moto que hizo cancelar la gira en la que estaba inmerso. Los temas se grabaron en el sótano de la casa que la banda tenía alquilada cerca de donde Dylan se había trasladado con su mujer y sus hijos, llamada Big Pink. Algunas de 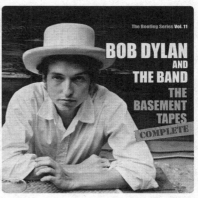 estas grabaciones vieron la luz posteriormente en el álbum *The Basement Tapes*, pero en esta ocasión se incluye todo el material grabado en orden cronológico.

Shadows in the Night

Columbia Records, 2015

El personal tributo de Dylan a otra leyenda: Frank Sinatra. El músico versionó diez baladas que Sinatra había hecho mundialmente famosas y las supo arropar con unos arreglos que complacieron a crítica y público. Para no dejar nada a la improvisación, el álbum fue grabado en el mismo estudio que usó Sinatra para buena parte de su producción, el estudio B de los Capitol Studios de Los Angeles. Además, se esmeró tanto en el empleo de la voz que se ganó el reconocimiento de la prensa. Y en ningún momento quiso ocultar que el espíritu de Sinatra había estado presente en todo momento durante la elaboración del proyecto, ya que antes de cada grabación escuchaba su versión una y otra vez.

The Cutting Edge (1965-1966). The Bootleg Series Vol. 12

Columbia Records, 2015

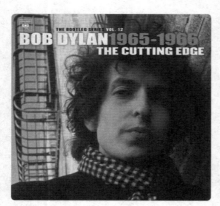 El último volumen de la serie *The Bootleg* a la edición de este libro incluye grabaciones inéditas, tomas alternativas y descartes de las sesiones de los álbumes *Bringing It All Back Home*, *Highway 61 Revisited* y *Blonde on Blonde*, publicados entre 1965 y 1966 y que supusieron el distanciamiento de Dylan de su folk inicial para abrazar los fundamentos del rock y el blues, así como el cambio de la canción protesta directa a unas letras surrealistas centradas en el mundo interior. No tuvo una mala acogida este recopilatorio, que alcanzó la posición treinta y tres de la lista de ventas estadounidense y la decimosegunda en el Reino Unido, entrando también en las listas de los álbumes más vendidos en Alemania, Noruega, Suecia y Países Bajos.

6. Filmografía

Desde los días en los que un adolescente Robert Allen Zimmerman veía las películas de vaqueros, aventuras y policías que proyectaban en el Lybba Theatre, la sala de cine de Hibbing (Minnesota) donde se crió, además de espectador Bob Dylan ha hecho de casi todo en el cine. Ha sido actor, director, guionista, productor y autor de bandas sonoras, aunque el llamado séptimo arte y el genio de Minnesota han tenido siempre una relación tormentosa y un tanto errática en ocasiones.

Puede que haya sido su peculiar carácter, el peso de su propio personaje que le obstaculizaba a meterse en la piel de un personaje ajeno, su incapacidad para doblegarse a las directrices de un guión o la suma de todo ello lo que ha impedido que su carrera cinematográfica, especialmente en la faceta de actor, haya tenido la repercusión y alcance de otras *rockstar* como David Bowie, Kris Kristofferson, Madonna, Cher, Elvis Presley o Mick Jagger, aunque estos últimos tampoco se puede decir que destaquen especialmente por sus dotes interpretativas. Quizá podríamos resumirlo diciendo que Dylan no es un mal actor, sencillamente porque no es un actor. Dylan es, permanentemente, Dylan. Cierto que tampoco ha descollado en su faceta de director, en la que recibió unos palos descomunales y algún que otro reconocimiento a su capacidad creativa. Pero de lo que más ha hecho es de personaje, valga la redundancia. Unas veces encarnando su papel real y otras inspirando papeles recreados por otros actores, como en el caso del personaje 'The Musician' en la película *Factory Girl*, dirigida por George Hickenlooper en 2006.

Evidentemente, su labor cinematográfica más destacada y reconocida es su aportación a las bandas sonoras. Su trabajo en *Wonder Boys* (*Jóvenes prodigiosos*), dirigida por Curtis Hanson en 2000, le supuso su primer Oscar por la canción «Things Have Changed». En esa película también incluyó otros tres temas: «Shooting Star», «Not Dark Yet» y «Buckets of Rain». Otro trabajo destacado es el que realizó en la película *My Own Love Song* (*Nuestra canción de amor*), de Olivier Dahan, una sentimental *road movie* sobre una ex cantante discapacitada estrenada en 2010, en cuya banda sonora Dylan interpreta veintidós de los treinta y seis temas que incluye la película. De ellos, dieciséis son composiciones instrumentales inéditas y compuestas expresamente para la ocasión y otras cinco son canciones del álbum *Together Through Life*, publicado en 2009. En realidad el director solo quería que Dylan le compusiese la canción central de la película, pero el músico tuvo uno de sus ataques de entusiasmo y decidió encargarse prácticamente de toda la banda sonora. La canción en cuestión es «Life Is Hard», que expresa la emoción de una madre cantándole a su hijo y fue interpretada por la actriz Renée Zellweger, quien se la tomó tan a pecho que la cantó más de cien veces en más de un centenar de versiones hasta quedar satisfecha con el resultado.

En 2011 compuso e interpretó «Suze AKA The Cough Song» el tema central de la película *Hick*, dirigida por Derick Martini, que incluye además otros temas clásicos del artista como «When The Ship Comes In», «Farewell», «One of Us Must Know (Sooner of Later)» y «Honey Just Allow Me One More Chance». En 2013 también participó en el homenaje indirecto que los Hermanos Cohen le dedicaron a su viejo amigo de los tiempos de Grennwich Village, el cantautor Dave Van Ronk, en el que se inspiraron para dar vida al personaje central de su película *Inside Llewyn Davis* (*A propósito de Llewyn Davis*) en cuya banda sonora Dylan participa con el tema «Farewell».

Inevitablemente, su aportación musical al cine es tan prolija como difícil de cuantificar con exactitud. Sus canciones, a veces interpretadas por él mismo y a veces por otros artistas, han sonado en películas como *Watchmen* («The Times They Are A-Changin»), *El Gran Lebowski* («The Man in Me»), *Historias de Nueva York* («Like a Rolling Stone»), *Blow* («It Ain't Me, Babe»), *Asesinos natos* («You Belong to Me»), *Alta Fidelidad* («Tonight I'll Be Staying Here With You» y «Most of the Time»), *Miedo y asco en Las Vegas* («Stuck Inside Mobile with Memphis blues Again»), *La joven del agua* («Tangled Up in Blue» y «Gates of Eden») *American Beauty* («All Along the Watchtower»), *En el nombre del padre* («Like a Rolling Stone»), *Good Morning, Vietnam* («Ballad of a Thin Man»), *Forrest Gump* («Rainey Day Women»), *Nacido el 4 de julio* («The Times They Are a Changin»), *Tomates verdes fritos* («I'll Remember You»), *Monster's Ball* («License To Kill»), *Heartbreak Hotel* («Positively 4th Street»), *Mentes Peligrosas* («Mr. Tambourine Man» y «Let Me Die in My Footsteps»), *St. Vincent* («Shelter From the Storm», interpretada por el actor Bill

Murray) o *Arma Letal 2* «(Knockin' on Heaven's Door»), canción que
también se puede escuchar en *Salvador (Puig Antich)* o *Días de Trueno*, en
versión de Guns N' Roses, y *Cha Cha*, en una curiosa versión de Nina
Hagen.

Tratándose de Dylan, son inevitables las anécdotas por omisión, como
en el caso de la banda sonora de *Cowboy de medianoche*. El director John
Schlesinger le pidió que compusiera una canción original para incluir
en la película, pero Bob no la entregó a tiempo y Schlesinger tuvo que
buscar una solución de última hora, optando por una canción del cantautor Fred Neil, «Everybody's Talking», en la interpretación del cantante
Harry Nilsson. La canción y la película se convirtieron en un absoluto
éxito y al final Bob Dylan aprovechó la canción que había compuesto
y que nunca llegó a las pantallas, «Lay Lady Lay», para incluirla en su
disco *Nashville Skyline*, editado en 1969. La canción se convirtió en un
éxito de ventas y acabó siendo versionada por grandes músicos de todos
los estilos, desde The Byrds a Duran Duran, pasando por Neil Diamond
o Buddy Guy, entre otros muchos.

Como espectador, Dylan admira a directores de corte intelectual como
Rainer Werner Fassbinder o Francois Truffaut, y una de sus películas
favoritas es *8 y medio*, de Federico Fellini. También le gusta el cine negro
de serie B de los años cuarenta y cincuenta, con sus personajes duros,
cínicos y abocados al fracaso cotidiano, del que había disfrutado en sus
años de juventud. Para Dylan los dos grandes directores de los años sesenta son Andy Warhol, al que considera un adelantado a su tiempo, y
Jean Luc Godard, del que admira sobre todo su película *Sin aliento*. Estas
preferencias se rebelan en las escasas ocasiones que el músico se ha me-
tido en la piel de director de cine, con resultados tan irregulares como
los que cosechó en su faceta de actor de ficción y sus intervenciones
en documentales musicales sobre su propia carrera o participando como
uno más aunque, eso sí, siempre en un papel destacado y en ocasiones
como reclamo publicitario, tal y como dan fe los filmes que componen
su historial cinematográfico.

The Madhouse on Castle Street
Philipe Saville, 1963

Programa dramático de la serie *Sunday Night Play*, de la BBC, que habitualmente adaptaba obras teatrales y en el que Dylan debía interpretar a un joven nihilista que se encierra en la habitación de una pensión con la pretensión de alejarse del mundo, de evadirse de una realidad que aborrece, mientras el resto de los inquilinos y la dueña de la pensión tratan de disuadirle.

Fue la primera vez que Bob interpretó «Blowin' in the Wind», que según cuenta la leyenda, el director de la película, Philipe Saville, le había escuchado tocar a un par de empleadas de su casa. Saville había conocido a Dylan cantando en un café de Nueva York, y allí mismo le había contratado para intervenir en la serie ignorando que no tenía dotes de actor, algo que se hizo patente desde el primer momento en los ensayos previos. Al final Bob fue sustituido en todas las escenas por un actor profesional, David Warner, y él se limitó a cantar. El reparto lo completaban Maureen Pryor, Ursula Howells, Reg Lye, Ian Dallas, James Mellor y Georgina Ward.

Para aseverar todo esto tenemos que fiarnos del relato del director de la obra y de algunos actores y técnicos que participaron en la grabación, de la que no queda ninguna copia, ya que entonces la costumbre en muchas cadenas de televisión era reutilizar las cintas para otros rodaje y nadie en la cadena británica sospechaba por aquellos días que aquel chico, que era un cantante notable y actor más que mediocre, acabaría siendo una de las más grandes estrellas de la cultura del siglo XX. Se conservan, eso sí, los audios parciales de las cuatro canciones interpretadas por Bob, que fueron, además de la mencionada «Blowin' in the Wind», los temas tradicionales «Hang Me, O Hang Me», «Cuckoo Bird» y «Ballad of the Gliding Swan».

El episodio, de una hora de duración, fue emitido por la BBC el 13 de enero de 1963 y la crítica alabó tanto la música del cantautor de Minnesota como las interpretaciones de David Warner, Maureen Pryor y Ursula Howells. El guión fue escrito por Evan Jones, autor de películas como *Modesty Blaise*, de Joseph Losey, *Evasión o victoria*, de John Houston, *Guardianes de la noche*, de Brian G. Hutton, o *Champions*, de John Irving. Además de su primera aparición ante las cámaras, también supuso el primer viaje de Dylan fuera de los Estados Unidos. Este episodio de su vida fue objeto de un documental emitido por la BBC Radio 2 en noviembre de 2008.

Festival

Murray Lerner, 1967

En 1967, el mismo año en el que The Doors lanza su primer disco, Aretha Franklin graba «Respect» y Elvis Presley se casa con Priscilla Beaulieu, el joven recién licenciado de Harvard Murray Lerner abandona una incipiente carrera como director de documentales sobre ciencia y naturaleza para inaugurar el género de documentales sobre macroconciertos, con una síntesis cinematográfica del Festival Folk de Newport en las ediciones de 1963 a 1966. Se trata de la primera grabación cinematográfica que refleja nítidamente una nueva experiencia surgida de la contracultura y narra la nueva forma colectiva de vivir la música. Lerner lo hizo un año antes de que D.A. Pennebaker rodara *Monterey Pop*, tres años antes de que Michael Wadleigh estrenara su rodaje de *Woodstock* y adelantándose en once a la gran obra del género de conciertos, *The Last Waltz* de Martin Scorsese.

Además de convertirse en un imprescindible documento histórico de un momento musical especial (registrando, por ejemplo, el mítico abucheo a Dylan en 1965 por cometer la temeridad de electrificar su guitarra), la película supone una nueva forma de aproximarse a la música, más allá del reportaje o documental al uso, que no pasaban de ser una sucesión de grabaciones de las actuaciones en directo. Por primera vez Murray convierte al público en coprotagonista del evento, tanto mediante la grabación de entrevistas como de situaciones cotidianas, y usa innovadoras y cuidadas técnicas de montaje para imprimir un ritmo propio a la narración cinematográfica y apoyar la aparición de una impresionante serie de artistas engrosada por Bob Dylan, Joan Baez, Johnny Cash, Pete Seeger, Howlin' Wolf, Son House, Mississippi John Hurt, Donovan, Sonny Terry, Odetta, Peter Yarrow, Brownie McGhee y Sonny Terry, Peter, Paul and Mary, Mike Bloomfield, The Staple Singers, Judy Collins, Ronnie y Ollie Gilbert, Sacred Harp Singers, Blue Ridge Mountain Dancers, The Osborne Brothers, Mimi and Richard Fariña, Theodore Bikel, Hobart Smith, Horton Barker, Fannie Lou Hamer, Spider John Koerner, Moving Star Hall Singers, Tex Logan, Fred McDowell, Mel Lyman, Georgia Sea Island Singers, Buffy Sainte-Marie, Spokes Mashiyane, Jim Kweskin, Cousin Emmy, Fiddler Beers, Pappy Clayton McMichen, Joe Patterson, Almeda Riddle, Mike Seeger y Eck Robertson.

Con este impresionante plantel, Murray Lerner realizó un recorrido interior por la evolución de la música folk y country justo a mitad de los sesenta, los años en que ambos géneros evolucionaron hacia nuevas y modernas fórmulas. *Bluesmen* históricos, veteranos músicos de country e incipientes estrellas del pop y el rock se dan la mano en esta producción de *Eagle Rock Entertainment*, fundamental para entender la evolución de la música pop en el último tercio del siglo XX.

Además de dirigir y escribir el guión, Lerner también grabó personalmente un buen número de escenas apoyado por los operadores de cámara Stanley Meredith, Francis Grumman y George Pickow. De la edición se encargó Howard Alk.

El estreno se produjo el 5 de diciembre de 1967, al final de un año intenso marcado por las grandes marchas contra la guerra del Vietnam en Nueva York y San Francisco, las pruebas nucleares en el desierto de Nevada, los violentos disturbios raciales de Detroit y la explosión hippie del llamado 'Verano del Amor'. Aunque las primeras reacciones no fueron entusiastas, la película fue nominada al Oscar al mejor largometraje documental y resultó premiada en el Festival de Venecia. En 2005 la película fue restaurada y remontada para su edición en DVD, siguiendo los criterios del director.

Don't Look Back
Donn Alan 'D.A.' Pennebaker, 1967

Se trata del primer documental centrado en la figura del músico de Minnesota y cubre básicamente la gira británica que hizo Dylan en 1965. En el film participan Joan Baez, Donovan -conocido como el Bob Dylan británico-, Alan Price -uno de los fundadores de The Animals-, John Mayall, Marianne Faithfull, Albert Grossman -el mánager de Dylan-, el *road manager* Bob Neuwirth, los músicos Ginger Baker, Derroll Adams, Tito Burns, Brian Pendleton, el poeta Allen Ginsberg, Terry Elli -el futuro productor discográfico que en esta ocasión ejerce de controvertido entrevistador de Dylan- y el productor Tom Wilson. 'D.A.' Pennebaker era un viejo conocido de Sara Lownds, que estaba a punto de convertirse en esposa de Dylan, y había cerrado un acuerdo con el mánager de éste para que le permitiesen seguir la gira para realizar una película de *cinema verité* que al principio nadie se tomó excesivamente en serio pero que acabaría siendo uno de los puntales de referencia para conocer la carrera inicial de Dylan y que la revista *Rolling Stone*, acabaría considerando como una de las diez mejores películas de rock de todos los tiempos.

Desde el mismo momento de su llegada al aeropuerto de Londres y sus primeros contactos con sus admiradores, la película muestra a una caprichosa estrella del rock en todo su esplendor, saltándose todas las convenciones y estableciendo una pauta de conducta arrogante, desafiante y excéntrica que a partir de entonces adoptaría muchas estrellas de la música pop. Un jovencísimo Bob despliega todo su carisma y su atractivo y se permite el lujo de sobrepasar límites de corrección que la prensa achaca a su genialidad.

Lo más recordado del film es sin duda la famosa escena del principio, en la que se ve al cantautor en un callejón junto al Hotel Savoy arrojando al suelo cartulinas con diversas palabras escritas (como *basement*, *government, pavement, trench coat, pig pen, 20 dollar bills, scandals,* etc.) e incluye un extraño cameo del poeta *beatnik* Allen Ginsberg situado en el margen izquierdo de la pantalla con un bastón y un aspecto que de lejos recuerda al de un rabino. Esta secuencia se convirtió en el vídeo promocional de la canción «Subterranean Homesick Blues», y de hecho está considerada una de las primeras piezas del género de vídeos musicales, imitada posteriormente hasta la saciedad. Otra escena de la película recoge un momento de la actuación en Greenwood, Mississippi -casualmente el pueblo en el que falleció envenenado el mítico *bluesman* Robert Johnson- donde interpretó el tema «Only a Pawn in Their Game», en el que ataca el racismo que impregna el Estado de Mississippi y arremete contra el asesinato del líder por la lucha por los derechos civiles, Medgar Evers. Esa escena se incluye dentro de una entrevista en la que un reportero del servicio de la BBC para Sudáfrica le pregunta por sus orígenes en el mundo de la música.

El documental recoge también el deterioro por el que atravesaba la relación de Dylan con Joan Baez a la que da de lado desde el principio de la gira, evitando compartir escenario con ella y obligándola a ensayar en pésimas condiciones. Fue en esa gira cuando Joan descubrió su noviazgo con Sara, un noviazgo a espaldas suya, lo que la decidió a abandonar el tour de conciertos y continuar actuando por cuenta propia.

De hecho la cinta refleja el extraño ambiente de la gira, con un Dylan en plena etapa de cambio, ejerciendo el papel de excéntrico en sus encuentros con la prensa, viendo como su fama era respaldada por la visita que The Beatles y The Rolling Stones le hicieron en el Hotel Savoy de Londres (que no pudo ser registrada por las cámaras de Pennebaker), coqueteando con la cantante adolescente Dana Gillespie y fallando en el intento de conquistar a Marianne Faithfull. Otros momentos singulares son el enfrentamiento de un cabreado Dylan con el corresponsal en Londres de la revista *Time*, los comentarios de unas emocionadas fans, las negociaciones a cara perro de Grossman con músicos y empleados del hotel o la escena en la que Joan Baez canta a Hank Williams mientras Dylan teclea en una máquina de escribir. El trabajo final de Pennebaker no es precisamente complaciente con el artista de Minnesota, que se revela como un genio creativo que juega a la excentricidad porque el momento se lo permite: se está convirtiendo en un ídolo de masas que no esconde su lado más provocador y arrogante ni siquiera delante de la cámara. Es más, es la presencia de esa cámara la que agudiza su distanciamiento de todo y todos los que le rodean, en un alarde de rebelión contra la situación de mito en que le han colocado. Es también la crónica inesperada de los últimos días de Dylan como rutilante estrella de la música folk.

La cinta fue proyectada por primera vez el 17 de mayo de 1967 en el Presidio Theater de San Francisco, y fue estrenada exactamente cuatro meses después en el 34th Street East Theater de Nueva York. Un año después se publicó una transcripción de la película, en formato de libro con fotografías. En 1998 la película fue calificada como 'culturalmente significativa' por el National Film Preservation Foundation de los Estados Unidos que la incluyó en el National Film Registry, el registro de la Biblioteca del Congreso, donde se conservan las películas a las que se supone una aportación significativa a la cultura norteamericana. En el año 2007, el documental fue remasterizado para ser reeditado en formato DVD, en dos discos que además de contener la versión digital de la película, incluyen una versión alternativa del vídeo de «Subterranean Homesick Blues», el libro guía original escrito por el director y un nuevo documental de D.A. Pennebaker, *Bob Dylan 65 Revisited*, editado por Walker Lamond.

Eat the Document

Bob Dylan, 1972

Este documental, rodado durante la gira eléctrica del cantante en Gran Bretaña en la primavera de 1966, fue un encargo de la cadena norteamericana ABC para su serie *Stage '66*. La película fue dirigida por el propio cantante y de la grabación se encargó de nuevo Donn Alan 'D.A.' Pennebaker, considerado uno de los fundadores del *cinema verité*, que ya se había encargado el año anterior de rodar la gira británica que dio como resultado el documental *Don't Look Back*. El montaje también corrió a cargo del propio Dylan, junto al director de cine Howard Alk, famoso por su documental sobre Janis Joplin en 1974, y Robert Robertson, miembro de The Band y guitarrista de la gira. En el film, además del protagonista principal y el grupo que le acompañaba en la gira, The Hawks, integrado por Richard Manuel, Robbie Robertson, Rick Danko, Mickey Jones y Garth Hudson, también participan Johnny Cash, Bob Neuwirth y John Lennon, en una breve pero llamativa aparición.

Quizá el momento más célebre de este documental de cuarenta y cinco minutos de duración sea el famoso incidente durante el concierto de Bob en el Manchester Free Trade Hall, celebrado el 17 de mayo de 1966, cuando parte del público recibió con protestas la parte eléctrica de su concierto y un espectador le acusó a gritos de ser un Judas por traicionar la pureza del sonido folk con el espíritu del rock, tras lo que un retador Dylan le tildó de mentiroso y exhortó a su banda a subir el volumen para atacar con más brío todavía la versión electrificada de su famoso tema «Like a Rolling Stone». Esa anécdota ilustra el espíritu de aquella gira, la más rupturista de Dylan, que estaba transitando su polémico recorrido de figura revelación del folk a nueva estrella del rock & roll. Musicalmente, la película contiene un perfecto adelanto de lo que será el estilo dylaniano en su etapa con The Band, el nombre que su banda de acompañamiento, The Hawks, adoptaría después de la gira. En este sentido destacan las interpretaciones de temas como «One Too Many Mornings», «Visions of Johanna», «Tell Me, Momma» o «Ballad of a Thin Man». También quedan para la historia las imágenes de sus dúos improvisados con Johnny Cash y Robbie Robertson en la habitación del hotel y los camerinos de los teatros.

Partes de este documental serían rescatadas treinta y nueve años después para utilizarlas en el documental *No Direction Home*, dirigido por Martin Scorsese. El formato televisivo jugó en contra del documental, que fue rechazado por la cadena ABC, incapaz de asimilar la ruptura que suponía el mensaje de Dylan y el punto surrealista de la narración. La cinta pasó un lustro durmiendo el sueño de los justos en algún archivo hasta que, a principios de los setenta, se proyectó en la Academia de Nueva York de la Música y el Museo Whitney de Arte Americano. La versión original de *Eat the Document*, que se estrenó oficialmente el 30 de noviembre de 1972, nunca ha sido editada en vídeo, aunque desde hace años circulan entre los coleccionistas preciadas copias pirata, algunas de las cuales incluyen una mítica escena en la que aparecen Dylan y John Lennon corriéndose una juerga en el interior de una limusina, y en la que el Beatle aconseja al cantante norteamericano que tome heroína para calmar sus nervios. Eran, evidentemente, otros tiempos en los que la inocencia suicida no había empezado a pasar factura y Dylan estaba en una etapa bulliciosa, estimulado por el consumo permanente de anfetaminas y disfrutando de la energía que le daba el reto que suponía su pase definitivo al rock.

Concert for Bangladesh

Saul Swimmer, 1972

Swimmer, fallecido en marzo de 2007, fue uno de los más famosos directores de documentales del subgénero de conciertos, con títulos como *We Will Rock: Queen Live Concert*, y dio el salto a la fama con el primero de los grandes eventos musicales a beneficio de causas humanitarias: el celebrado el 1 de agosto de 1971 en el Madison Square Garden de Nueva York. En realidad se trató de dos conciertos organizados por George Harrison y Ravi Shankar con el fin de recaudar fondos para los refugiados de lo que entonces se conocía como Pakistán del Este, y desde diciembre de 1971 pasó a ser reconocido internacionalmente como Bangladesh, un país que por entonces sufría una catástrofe humanitaria provocada por la situación de los millones de refugiados huidos de la reciente guerra de independencia, agravada por el paso del Ciclón Bhola.

En este primer concierto benéfico de la historia participaron, además del propio Bob Dylan (que tocó en la primera parte del concierto en una de sus escasísimas apariciones a principios de los setenta), grandes figuras del momento como Eric Clapton, Ringo Starr, Billy Preston, Ravi Shankar, Ali Akbar Khan, Klaus Voormann, Jim Keltner, Leon Russell y George Harrison. Este último intentó sumar al evento a John Lennon y Paul McCartney, que finalmente declinaron la invitación, el primero porque no se invitó a su mujer Yoko Ono y el segundo porque consideró que era demasiado pronto para que los cuatro Beatles coincidiesen en el mismo evento.

A finales de 1971 se publicó un álbum recopilatorio del concierto mientras el largometraje, con montaje a cargo de Phil Spector, se estrenó en 1972, con una posterior publicación en vídeo. En el año 2005, la película fue reeditada en un DVD que incluyó nuevo material extra. El evento tuvo una gran repercusión internacional y recaudó más de 243.000 dólares para los refugiados bangladeshíes que fueron destinados a UNICEF.

Pat Garret & Billy the Kid
Sam Peckinpah, 1973

En los años setenta el western había entrado en absoluto declive y Sam Peckinpah era el único director capaz de darle brillo y espectadores. Lo había hecho en 1969 con *The Wild Bunch* (*Grupo Salvaje*) y *The Ballad of Cable Hogue* (*La balada de Cable Hogue*) al año siguiente. Eran dos westerns crepusculares, con un peculiar tratamiento de la violencia y de las relaciones entre los protagonistas, una receta que repitió con esta revisión de los últimos días del bandido Billy el Niño, en la que Dylan interpreta un personaje secundario, aunque su nombre figuraba en los carteles a la altura de los protagonistas principales por aquello del tirón publicitario. En realidad, inicialmente el director pretendía que Dylan se encargase sólo de la banda sonora, pero al músico le entró el prurito interpretativo y el guionista Rudy Wurlitzer se inventó el papel de Alias, un joven asesino experto en el manejo del cuchillo, un papel en el que Bob se muestra tan lacónico y parco como suele ser habitual. Kris Kristofferson, amigo del músico y protagonista de la película se ha cansado de repetir que la idea del personaje se le ocurrió a él al imaginar una réplica en versión western del bufón del *Rey Lear* de Shakespeare. En realidad Dylan, que venía de una de sus temporadas de distanciamiento, sin grabar prácticamente nada durante los dos años anteriores, se limita a pasar por allí, convertido en un distante notario de las andanzas del famoso Billy el Niño mientras suelta miradas y frases ambiguas y enigmáticas, con las que por momentos logra sus mejores niveles interpretativos. El cantante comparte reparto con un grupo de rutilantes estrellas del momento como James Coburn, Kris Kristofferson, Jason Robards, L.Q. Jones, Richard Jaeckel, Katy Jurado, Slim Pickens, Chill Wills, Harry Dean Stanton, Barry Sullivan, Charlie Martin Smith, Jack Elam o Luke Askew.

El rodaje estuvo plagado de complicaciones y disputas, comenzando por el desencuentro entre el guionista y el director, poco dado a seguir las pautas marcadas, y siguiendo con la guerra abierta entre Peckinpah y la productora, que acabó estrenando la película con un montaje distinto al del director, eliminando el principio original, cambiando de sitio algunos planos y eliminando escenas completas sin las que la película pierde parte de su sentido. Al final Peckinpah acabó demandando, sin éxito, a la productora, la Metro-Goldwyn-Mayer. El propio Dylan también se quejó de cómo había sido utilizada su música en el montaje final de la banda sonora, acusándola de no seguir las pautas marcadas en la grabación, que se realizó en enero de 1973 en Ciudad de México, en una sola sesión, y un mes más tarde en otras dos jornadas de Dylan en los Burbank Studios de California.

La película narra la conocida y archicontada historia del bandolero Billy the Kid, interpretado por Kris Kristofferson y el sheriff Pat Garrett, encarnado por James Coburn, antiguo compañero de correrías del bandido. Los viejos amigos se encuentran ahora en distintos lados de la ley, inmersos en una guerra entre ganaderos del condado de Lincoln, forajidos y el gobernador del estado, Lew Wallace, interpretado por Jason Robards. Garrett persigue implacablemente a Billy, que se ha fugado después de matar a varios hombres, entre ellos el sheriff Baker, un amigo de Garret interpretado por Slim Pickens, que agoniza ante su mujer, en una escena memorable de la que forma parte imprescindible el sonido de fondo de «Knocking on Heaven's Door», desde entonces una de las canciones más famosas del músico de Minnesota.

La narración bascula fundamentalmente en la relación entre dos delincuentes, dos perdedores, dos supervivientes: uno, Pat Garret, escasamente arrepentido pero estratégicamente colocado al lado de la ley, y el otro, Billy the Kid, un *desperado* de gatillo fácil y escaso porvenir. La banda sonora de Bob Dylan se ajusta perfectamente a la aplastante y melancólica atmósfera de la película con diez temas básicamente instrumentales con la excepción de dos canciones: «Main Title Theme (Billy)», tema central de la película que también tiene su versión instrumental, y «Knocking on Heaven´s Door». Dylan se rodeó de diecisiete músicos de primer nivel, como Booker T. Jones al bajo, Roger McGuinn en la guitarra eléctrica, Bruce Langhorne a la acústica, Russ Kunkel a cargo de la percusión y bongos, Jolly Roger tocando el banjo, Jim Keltner en la batería, Byron Berline en el violín, Carl Fortina al armonio, Carol Hunter que toca la guitarra de doce cuerdas, Gary Foster la flauta y Fred Katz y Ted Michel tocando el cello, todos apoyados por Priscilla Jones, Donna Weiss, Brenda Patterson y Terry Paul haciendo coros. A pesar de todas las incidencias y de su inicial fracaso de taquilla, *Pat Garret & Billy the Kid* es un western tan original como imprescindible y se ha convertido en una película de culto que propició una magnífica obra musical, aunque en su día fue recibida con muchas reticencias por la crítica y el álbum con la banda sonora tuvo unos ventas más bien discretas.

Renaldo & Clara

Bob Dylan, 1978

La primera y, hasta el momento, última experiencia de Dylan como director de cine de ficción se puede considerar sin paliativos como un absoluto fracaso. La película ha sido tildada habitualmente de surrealista, a lo que contribuía su duración original, de casi cuatro horas, y un guión escrito por el propio Dylan que no ayudaba precisamente a proporcionar una narrativa fluida, sobre todo teniendo en cuenta que según el propio autor buena parte de la película fue dejada a la más absoluta improvisación. En realidad fue otro de esos proyectos que el músico planeaba en solitario, sin dar prácticamente explicaciones y poniéndolo en práctica sobre la marcha con grandes dosis de improvisación.

La película comenzó a gestarse durante los preparativos de la gira conocida como *Rolling Thunder Revue*, entre octubre de 1975 y mayo de 1976. Dylan contrató al dramaturgo y actor Sam Shepard para que se encargase del guión, aunque en realidad el trabajo del escritor no acabase teniendo la más mínima relevancia como reconoció él mismo posteriormente. De hecho Shepard acabó escribiendo un libro sobre la propia gira, en un intento de sacar algo de provecho a aquel tour de ambiente delirante y psicotrópico. La troupe, a la que se fue incorporando gente a medida que la gira avanzaba, estaba integrada por su esposa Sara, la estrella de la canción protesta Joan Baez, los músicos T-Bone Burnett, Arlo Guthrie, Ramblin' Jack Elliott, Roger McGuinn, Arlen Roth, Joni Mitchell, Steven Soles, Kevin Crossley, Luther Rix y David Mansfield, la actriz y cantante Ronee Blakley, el actor y músico Harry Dean Stanton, la actriz Helena Kallianiotes, el célebre poeta *beatnik* Allen Ginsberg y Larry Sloman, periodista de la revista *Rolling Stone*. Todos interpretaban algún papel asignado por el propio Dylan o ejerciendo la propia labor que realizaban en la gira, según las repentinas e improvisadas instrucciones del accidental y accidentado director.

En la película aparecen además el ex boxeador Rubin 'Hurricane' Carter, interpretándose a sí mismo, el artista polifacético Bob Neuwirth, como 'The Masked Tortilla' (La tortilla enmascarada), el rockero Ronnie Hawkins, conocido como 'Mr. Dynamo', que interpretaba al propio Dylan en una doble vuelta de tuerca, ya que era el creador de The Hawks, el grupo que acabó convirtiéndose en The Band, la violinista Scarlet Rivera, el músico británico Mick Ronson, en el papel de guardia de seguridad, el actor y cantautor David Blue, la poetisa Anne Waldman, como la hermana de la Misericordia, la *soulwoman* Roberta Flack y un largo etcétera de jóvenes artistas y aspirantes a serlo que convirtieron el rodaje y la gira en un auténtico circo, a decir del escritor Howard Sounes.

Bob interpreta a Renaldo, un hombre con una máscara de plástico trasparente, una especie de mesías adorado por los desheredados de la tierra, un ídolo de la contracultura, tal y como es definido por J. Hoberman, en el libro *Underworld USA: El cine independiente americano*, que se pasaba media película tocando disfrazado de payaso y galleaba entre el amor de dos mujeres: Clara, una prostituta interpretada por su mujer Sara, y la Mujer de Blanco, a la que daba vida su sempiterna amiga y ex amante Joan Baez. Este triangulo proporciona guiños impagables como la escena en la que Baez pregunta a Dylan qué hubiese pasado si alguna vez se hubieran casado, a lo que éste responde un seco: «Me casé con la mujer que quiero». En contra de lo que pudiera parecer el ambiente entre ambas mujeres fue relajado e incluso hicieron buenas migas, aunque Sara se encontraba en un estado físico muy deteriorado. Con un Dylan frío y distante, encerrado en su propia caravana la mayor parte del tiempo, los delirios de personajes como Allen Ginsberg, empecinado en colocar sus poemas donde y como fuera, el consumo generalizado de drogas y las idas y venidas de personajes que se unían a la gira durante unos días, los encargados del rodaje, Howard Alq, David Meyers y Paul Goldsmith, y el productor Mel Howard tuvieron que hacer verdaderos equilibrios para sacar adelante el proyecto que contiene documentos que han pasado a la historia de la música, como la única grabación del joven y prometedor cantante protesta Phil Ochs, que participó en uno de los conciertos del tour y que se suicidaría meses después.

La película se estrenó el 25 de enero de 1978, mientras Nueva York se recuperaba de una nevada histórica, con una acogida que sólo cabe calificar de fría, tanto por parte de la crítica como del público, algo que el músico achacó a lo novedoso y desacostumbrado de su planteamiento. Fue peor todavía la factura personal, ya que Sara se separó de Bob antes de que la película se estrenase, mientras los rumores sobre las amantes del músico crecían día a día.

En teoría, el film es una aproximación al cubismo inspirada directamente en *Les enfants du paradis*, una película francesa de 1945, dirigida por Marcel Carné en plena ocupación nazi y considerada una de las películas más importantes del cine galo de todos los tiempos. Otra referencia era *Tirad sobre el pianista*, de Francois Truffaut, o al menos eso es lo que se desprende de la conversación mantenida por Dylan y Shepard en su primer encuentro, cuando el músico le preguntó al guionista si la había visto y al preguntarle éste sobre si era el tipo de película que quería hacer, aquel le contestó con un lacónico y enigmático «Algo por el estilo». Pero todo este soporte intelectual no logró que la película captase la atención del público y no fue mucho más allá de una efímera proyección en el cine Calaverea del Reengancha Villaje. El intento le costó a Dylan más de un millón de dólares y aunque en principio afirmó que el tiempo se encargaría de que el público entendiese mejor su proyecto, nunca volvió a intentar una aventura similar. Al menos tuvo el consuelo de que en el Festival de Cannes, donde fue presentada en febrero de 1978, recibiera buenas críticas y fuera premiada en el Mannheim-Heidelberg International Filmfestival, de Alemania. Quizá esa fue una de las razones que le llevó a afirmar que «Los estadounidenses están malcriados, esperan que el arte sea fácil, que sea como un papel de pared: sin esfuerzo, que sea algo que sólo está ahí». El propio Dylan afirmaba que el objetivo del film era «plantear una visión que siempre tengo en mente y que no puedo expresar en ningún otro lienzo». La última vez que se ha proyectado la versión íntegra de cuatro horas fue el 29 de mayo del 2011 en el Glasgow Film Theatre.

The Last Waltz
Martin Scorsese, 1978

La idea original del promotor musical Bill Graham era grabar el concierto de despedida de los componentes de The Band, Rick Danko, Levon Helm, Garth Hudson y Robbie Robertson, tras el grave accidente de Richard Manuel, y que además de sus integrantes, asistiesen dos invitados: Ronnie Hawkins, el rockero que había ayudado al nacimiento del grupo y Bob Dylan, el hombre que los había llevado a su mayor momento de esplendor. Pero la cosa se fue de las manos, la lista de invitados fue creciendo cada vez más con los artistas con los que la banda había compartido escenario a lo largo de su historia y acabó convirtiéndose en la joya clásica del género de cine de conciertos musicales.

El concierto se celebró el Día de Acción de Gracias, la fiesta familiar por antonomasia de los norteamericanos, en el Winterland Ballroom de

San Francisco, ante unas cinco mil personas que antes de la aparición de
de The Band estuvieron comiendo, bailando y escuchando recitales de
poesía durante cuatro horas. Luego, durante ciento diecisiete minutos,
asistieron a un momento histórico: The Band salió al escenario y abrió
el concierto con «Up on Cripple Creek», una canción de Robertson que
había obtenido un importante éxito en 1969, y a partir de ahí desgrana-
ron otros once temas de su repertorio, arreglados para la ocasión por el
genio de New Orleans, Allen Toussaint, hasta que comenzó el desfile
de mitos y estrellas. El primer invitado en subir al escenario fue Ronnie
Hawkins, con quien la banda había dado sus primeros pasos musicales a
principios de los sesenta con el nombre de The Hawks. Tras él se suce-
dieron Dr John, Paul Butterfield, Muddy Waters, Pinetop Perkins, Eric
Clapton, Neil Young, Neil Diamond y Van Morrison. Bob Dylan fue el
último en salir y tocó tres temas antes de que se le añadiesen Ringo Star
y Ron Wood, para sumarse a la banda y el resto de invitados para echar el
cierre con «I Shall Be Released». Tras una serie de improvisaciones musicales a cargo de sus amigos músicos, The Band volvieron al escenario
para poner el broche final definitivo a su carrera con la última canción:
«Don't Do It».

Aunque no era la estrella del proyecto, Dylan acaparó buena parte de
protagonismo desde los propios preparativos. Aceptó actuar en el concierto, pero no participar en la película, ya que creía que podría hacerle
sombra a su propio film, *Renaldo and Clara*, que se estrenaba por aquel
entonces. Sin embargo, su discográfica, la Warner, tenía otras intenciones y quería que el cantante participase en el documental como apoyo
promocional. Al final todo se resolvió en unas confusas negociaciones de
última hora en las que unos afirman que fue Robbie Robertson quien le
convenció de que ambas películas no coincidirían en los cines, mientras
que otros cuentan que en realidad fue el productor Bill Graham quien
aclaró la situación con la estrella. Al final se pudieron grabar dos temas
de Dylan, «Baby Let Me Follow You Down» y «Forever Young», para
ser incluidos en la película.

Todo ese despliegue musical fue rodado por un equipo de cámaras de
primera línea, como László Kovács, Michael Chapman, Vilmos Zsig-
mond, David Myers, Bobby Byrne, Michael Watkins e Hiro Narita, dirigidos por Martin Scorsese, quien fue contratado por el promotor, Bill
Graham, y que convirtió el inicialmente modesto proyecto de un rodaje
en 16 mm, en un montaje profesional e histórico que narra dieciséis años

de vida en la carretera de una banda de rock y, como trasfondo, una época genuina e irrepetible en la historia del rock & roll. Scorsese lo planificó todo hasta el último detalle a pesar de disponer de sólo tres semanas para hacerlo: los tiros de cámara, los cambios de luces y movimientos de cada actuación, el sonido, los tiempos de duración de cada tema y el orden de aparición de los músicos, pero el propio concierto no estaba tan milimetrado y los retrasos e improvisaciones de última hora obligaron al equipo de filmación a adaptarse, quedando sin grabar algunas canciones mientras que otras, como la versión que hizo Muddy Waters de su «Mannish Boy», fueron grabadas aunque no estaba previsto y se convirtieron en preciados documentos sonoros.

Pero Scorsese y su equipo hicieron mucho más que rodar y editar la película. Para ayudar a pagar los costes de producción que implicaba el uso de un equipo de ocho cámaras de 35 mm, los equipos de sonido sincronizado y demás implicaciones técnicas, el director y los operadores apostaron sus sueldos a unos futuribles ingresos generados por la venta de la película, lo que en realidad suponía en aquel momento renunciar a un salario para sacar adelante un proyecto que acabó costando más de un millón de dólares. De esa experiencia surgió también una profunda amistad entre Scorsese y Robbie Robertson, el guitarrista de la banda, quien deambuló una larga temporada por el tortuoso sendero de las drogas. La implicación absoluta e ilimitada del cineasta en el proyecto fue lo que lo convirtió en una obra mayor del cine.

En el montaje final se intercalaron imágenes de estudio, escenas de camerinos y entrevistas con los miembros de The Band, que enriquecen la película con historias personales, anécdotas y reflexiones convirtiéndola en una joya del cine musical. Al escenario del concierto en el Winterland Ballroom, donde se habían usado unos viejos decorados procedentes de una representación de *La Traviata*, se añadieron también escenas musicales rodadas en los antiguos platós de la Metro-Goldwyn-Mayer, en Culver City, escenarios de míticas películas como *Lo que el viento se llevó* o *Ciudadano Kane*. El resultado del trabajo de Scorsese va más allá del cine meramente documental e inaugura una nueva etapa creativa en la filmación de conciertos, que había comenzado a practicar en el montaje de Woodstock, en 1970.

Corazones de Fuego
Richard Marquand, 1987

Una producción de la Warner Bros que, entre otras cosas, peca de falta de ambición, de ingenuidad en sus planteamientos y de un exceso de confianza en el reclamo publicitario que suponía la presencia de Dylan, que comparte reparto con Fiona Flanagan, Rupert Everett, Julian Glover, Suzanne Bertish, Maury Chaykin, Ian Dury y Suzanne Bertish.

El guión está escrito por Joe Eszterhas y Scott Richardson y cuenta la historia de Molly McGuire, una joven aspirante a cantante que no consigue pasar de los garitos de segunda de una ciudad industrial. Pero una noche en uno de esos garitos entra un famoso cantante al borde del retiro, Billy Parker, que no es otro que Bob Dylan, y se queda prendado de los dones naturales de la chica por lo que usa sus influencias para apoyar el lanzamiento de su carrera con su incorporación al concierto que dará en Londres. Hasta aquí, una típica historia de nacimiento de una estrella y a partir de aquí, una historia de desengaños, traiciones y supervivencia. Molly y Billy Parker se embarcan en una complicada relación en la que el empuje de la joven consigue arrastrar a su mejor nivel al viejo cantante. Tras un éxito inicial las cosas se tuercen al conocer ella a James Colt, al que da vida Rupert Everett, un joven y triunfador ídolo del rock, con quien Molly graba un disco que se convierte en todo un bombazo. Tras una serie de prolijos avatares con amores y odios extremos, al final todo acaba bien, con los tres músicos sobre el escenario, cantando el éxito que les separó y manteniendo vivo el gran circo del rock & roll.

La película tiene similitudes con la vida de Dylan que van más allá de la razonable casualidad y que suponen otros tantos guiños de reclamo al cantante, que también participa en la banda sonora, compuesta por John Barry, con tres temas que hicieron notar su peso en la película: «The Usual», «Night After Night» y «Had a Dream About You, Baby». Marquand no llegó a verla en los cines ya que murió de un ataque al corazón días antes de su estreno. Tenía 49 años y dejaba tras de sí una carrera de sólido cineasta con películas como *El ojo de la aguja*, una excelente película de espías en la Segunda Guerra Mundial, protagonizada por Donald Sutherland y Kate Nelligan, *El retorno del Jedi*, la película que le llevó a la cima de su carrera, *Al filo de la sospecha* y *Birth Of The Beatles*, una película para la televisión, producida por ABC en 1979 y basada en los primeros años de The Beatles.

A pesar de que uno de los escasos tirones de la película es la presencia de Dylan, el director contaba que no destacaba por sus dotes interpretativas y que tenía serios problemas para concentrarse y recordar los diálogos (que a menudo reescribía él mismo cuando algunas frases del guión no acababan de convencerlo). También comentó en varias ocasiones la buena sintonía de ambos con el vino y el reto creativo que suponía para Dylan componer al tiempo que interpretaba a un cantante en decadencia. Al final del rodaje Dylan afirmó ante la prensa que de los dos objetivos de un artista, la fama y el dinero, siempre la mejor opción era la última, ya que la popularidad es una auténtica pesadilla que no permite un comportamiento normal. Desde luego, el film cumplió con creces las expectativas económicas del artista, ya que se calcula que recibió en torno al millón de dólares por su participación.

Camino de retorno

Denis Hooper / Alan Smithee, 1990

Sus razones tendría Dennis Hooper para no firmar esta película con su nombre y usar el genérico ficticio de Smithee para dirigir a un reparto encabezado por él mismo junto a Jodie Foster, Dean Stockwell, Vincent Price, John Turturro, Fred Ward, Julie Adams, Tony Sirico, Frank Gio, Joe Pesci, Sy Richardson y Charlie Sheen, en el que no figura Bob Dylan porque se limitó a hacer un cameo no acreditado.

El guión está escrito por Rachel Kronstadt Mann y Ann Louise Bardach y narra la extraña relación entre un asesino a sueldo y su víctima, una joven artista que ha tenido la mala suerte de haber presenciado un crimen de la mafia. Acorralada por la mafia y sus tentáculos en el poder, Anne Benton, la protagonista, se ve obligada a huir al mismo tiempo de los gángsters y de la policía. Pero Milo, el matón, se enamora de ella. Jodie Foster hace un magnífico papel y sobra un poco el continuo goteo de actores famosos. En realidad la historia es solvente pero no da para más y al ver el montaje final, Hooper decidió no asumir su paternidad. Además de una buena ambientación, tiene una buena banda sonora a cargo de Curt Sobel. Pero sin duda, si por algo se la recordará, es por una fugaz aparición del omnipresente mago de Minnesota.

Paradise Cove
Robert Clapsadle, 1999

Una producción de cine independiente que pasó con más pena que gloria y que no añade absolutamente nada a la carrera cinematográfica de Bob Dylan, que da vida a Alfred, un chófer prácticamente inmutable y personaje secundario donde los haya. El resto de los protagonistas son Ben Gazzara, como el capo Duke Mantee, Karen Black, que da vida a una curtida dama del submundo mafioso llamada simplemente Ma, Jacob N. Clapsadle, interpretando a un imberbe personaje atrapado en un fuego cruzado de venganzas llamado inevitablemente The Kid, Laura Theodore, en el papel de la cantante del casino, Lance Archambeau en la piel de un chamán indio, Christian Olave, Dave McCrea, Tim Glenn, Roslyn Cohn, Ralph Peduto, Richard Conti, Josh Hall, Joe Delgado y Ralph Miller.

Se trata de una película de género negro en la más pura acepción estereotipada del género, con gángsters, agentes federales, ex presidiarios en vías de reinserción, despiadados ajustes de cuentas, corrupción y violencia gratuita con el paisaje de fondo del turbulento ambiente de los casinos indios Realmente es difícil entender la razón de la presencia del genio de Duluth en esta cinta mediocre que no ha representado prácticamente nada para ninguno de sus intérpretes. La producción corrió a cargo de Paradise Cove Productions en el año 1999 y se estrenó oficialmente en España en 2011.

Masked and Anonymous (Anónimos)

Larry Charles, 2003

Bob Dylan ejerce de guionista, junto al director de la película, en esta producción de BBC Films estrenada en España con el título *Anónimos*, en la que comparte reparto con primeras figuras como Luke Wilson, Jessica Lange, Jeff Bridges, John Goodman, Val Kilmer, Angela Basset, Penélope Cruz, Christian Slater, Ed Harris, Mickey Rourke, Steven Bauer, Chris Penn, Luke Wilson, Bruce Dern, Cheech Marin, Giovanni Ribisi, Susan Tyrrell, Fred Ward y Robert Wisdom. El largometraje fue rodado en veinte días y contó con un presupuesto muy exiguo, a pesar de lo cual, muchos actores famosos aceptaron papeles de circunstancias para poder compartir cartel con el mítico músico.

    Charles y Dylan, que utilizó para su labor literaria el seudónimo de Sergei Petrov, idearon una historia de futurismo lúgubre, con un imaginario estado americano sumido en el caos de un enfrentamiento civil, en el que Jake Fate, una vieja estrella del rock encarnada por Bob Dylan, sale de la cárcel, a donde ha ido a parar por sus críticas al presidente del país, para participar en un concierto propagandístico y benéfico de proyección universal. Sin embargo, mientras las buenas gentes apuestan por la parte solidaria y espiritual del evento en un mundo podrido por la corrupción, la mayoría de los implicados, con el organizador 'Uncle Sweeheart' que interpreta John Goodman a la cabeza, sólo pretenden dar salida a sus ansias de dinero y poder. Con el foco de atención centrado en el viejo rockero interpretado por Dylan, la película se reviste de ciertas dosis de crítica social, con amargas pinceladas sobre el mundillo musical y sus pequeñas o grandes miserias. El desencanto político, la deshonestidad generalizada, las permanentes conspiraciones para conseguir el poder, la perenne tentación del autoritarismo implacable, la voracidad de la política internacional, son conceptos que flotan en la obra de una forma vaga, sin planteamientos de reacción, con un planteamiento un tanto plomizo. Falsos profetas, policías corruptos, negociantes sin escrúpulos, divas ambiciosas, pululan alrededor de este idealista músico apellidado Destino que parece aceptar un inevitable futuro apocalíptico, en el que la raza humana se condena a sí misma con un falso dios de progreso.

Dylan comenzó a escribir *Masked and Anonymous* en el 2001, cuando su banda contaba con el guitarrista Charlie Sexton, además del otro guitarrista, Larry Campbell, el bajista, Tony Garnier y el batería David Kemper, quien abandonó la banda en los días que Bob trabajaba en la película y fue sustituido por George Receli. La película contiene la única grabación en directo de esta formación, que ha sido catalogada como los mejores acompañantes de Dylan desde los tiempos de The Band. Además de los integrantes de la banda de Dylan, que interpreta buena parte de sus temas más míticos, en la banda sonora de película participan figuran Los Lobos, Grateful Dead, Jerry García y Sertab Erener. Dos temas de Dylan, «Dirt Road Blues» y «Not Dark Yet», cobran especial protagonismo al sonar de fondo en varias escenas a lo largo del film.

La película ha sido tan alabada como vilipendiada. Muchos han visto en ella un retorno al espíritu de *Renaldo & Clara*, pero en un versión más moderna y descafeinada en sus intenciones, lo que le sirvió para amortiguar las críticas, aunque también recibió su dosis de sañudo vapuleo, como en el caso del diario *New York Post*, que la catalogó como candidata a peor película del siglo, y eso que la centuria no había hecho más que empezar. A pesar de todo, quizá sea la mejor interpretación de Bob a lo largo de su errática carrera cinematográfica. La crítica especializada la acogió con moderados elogios que se repitieron durante su exhibición en el Festival de Cine Independiente de Sundance.

No Direction Home
Martin Scorsese, 2005

Este documental de Martin Scorsese, que ya se había aproximado a la figura del artista de Minnesota en su famoso *The Last Waltz* veintisiete años antes, es en buena medida una fagocitación de material de otras películas anteriores, especialmente de *Eat the Document*, rodada durante la segunda gira británica de Dylan, en 1966. También incluye escenas del documental *Festival*, de Murray Lerner, que recoge las actuaciones en los Festivales de Folk de Newport de 1963, 1964 y 1965, y cortes inéditos de *Don't Look Back*, de DA Pennebaker, con imágenes de la primera gira británica en 1965.

La idea original fue del mánager Jeff Rosen, que a mediados de los años noventa comenzó a entrevistar a amigos, colaboradores y personas del círculo íntimo del músico, entre los que figuraban el poeta Allen Ginsberg, el músico de folk Dave Van Ronk, una figura emblemática de

Greenwich Village que apoyó a Bob en sus primeros pasos musicales, la
famosa novia de Dylan durante los primeros años de su carrera Suze Rotolo, la eterna Joan Baez y sus viejos compañeros de la era folk de Greenwich Village: Pete Seeger, John Cohen, Maria Muldaur, Bruce Langhorne, Mark Spoelstra, Bob Neuwirth, Peter Yarrow, Al Kooper, Dick
Kangas o Izzy Young, el dueño de la tienda de libros y música *Folklore
Center*, donde se reunían todos ellos. Al final, entre entrevistas nuevas y
antiguas declaraciones recuperadas, desfilan ante la cámara más de veinticinco personas implicadas directamente en los inicios y primeros años
de la carrera de Dylan, como el músico irlandés Liam Clancy, Mickey
Jones, batería de la segunda gira británica, Mitch Miller, el productor de
Columbia Records que se había opuesto a su primer contrato, B.J. Rolfzen, profesor de Bob en el colegio de Hibbing, Tony Glover, *bluesman*
y paisano del artista, John Hammond, el productor que le consiguió su
primer contrato discográfico, el crítico musical Paul Nelson, mito de in-
tegridad y su más firme defensor en el polémico salto a la electrificación,
Bob Johnston, productor de los primeros discos con Columbia, Mavis
Staples, la diva del soul y compañera de giras juveniles, Artie Mogull de
Witmark Music donde grabó sus primeras demos en 1962, Harold Leventhal, el hombre que le proporcionó su primer recital en el Town Hall
neoyorquino o el propio D.A. Pennebaker, el autor del primer documental sobre Dylan, quien se sumaría físicamente al proyecto en el año 2000,
con una tranquila y exhaustiva entrevista en la que se explayó sobre su
vida y obra durante más de diez horas, en un gesto sin precedentes.

Aunque en principio esta entrevista era la única aportación de Bob a la
película, por la que en teoría no había mostrado un interés especial, en
su autobiografía *Crónicas (Vol I)*, del año 2004, afirma que participó en
la producción del proyecto de forma más o menos solapada, ayudando
a conseguir parte de los centenares de minutos de grabaciones antiguas,
que dan al documental un contenido histórico definitivo. Con todo este
material, Rosen convenció a Scorsese para que se sumase al proyecto,
cosa que hizo en el año 2001 para darle su forma definitiva en un montaje final de doscientos ocho minutos de duración. La película no pretende
ser una análisis de la carrera musical de Dylan, sino que se centra en sus
inicios hasta el accidente de moto en el verano de 1966 y su posterior
evolución a inminente estrella del rock y el pop. Durante casi tres horas y
media se desgranan recuerdos, anécdotas e interioridades con imágenes
en buena parte inéditas, incluida una vieja grabación de la primera banda

de rock de Bob en su años escolares y un ensayo de cámara del rey del *pop art*, Andy Warhol. El título del documental está extraído de la biografía de Dylan que escribió Robert Shelton en 1986, que a su vez es uno de los versos de la canción «Like a Rolling Stone». Aunque en general el proyecto y la propia narración del protagonista han sido tildados de auto indulgentes, es indudablemente el documento más completo sobre los primeros años del genio de Minnesota y la película ha recibido varios galardones, como una nominación a los Critics' Choice Awards en el 2005, un premio Peabody en el año 2006 y un Premio Columbia-duPont en 2007. El director Martin Scorsese obtuvo un Grammy al mejor vídeo de larga duración.

I'm Not There
Todd Hydes, 2007

El director de cine independiente Tood Hydes escribió y dirigió esta atípica biografía en la que seis actores dan vida a otros tantos Bob Dylan en distintos momentos de su vida, en un retrato absolutamente heterodoxo de un artista al que este adjetivo le sienta mejor que a ningún otro. Con un formato de falso documental y sin hacer nunca referencia directa a la estrella usando su verdadero nombre, los distintos personajes dan pie a diversas aproximaciones al universo dylaniano en las que el elemento vehícular es la música creada por el músico de Duluth. El guión, en el que colabora Oren Moverman, cineasta norteamericano de origen israelí, se recrea en el aura de misterio de la que siempre gustó envolverse el músico, que muestra sus más variadas facetas mediante las encarnaciones de Cate Blanchett, que obtuvo varios premios por su interpretación, entre ellos un Globo de Oro, un premio especial del jurado en el Festival de Venecia y una nominación a los Oscar, Christian Bale, Heath Legder, Richard Gere, Ben Whishaw y Marcus Carl Franklin. La narración de este presunto documental corre a cargo de Kris Kristofferson.

El primer personaje es un niño negro de once años de edad, un vagabundo que viaja en trenes de mercancías, que se hace llamar Woody y canta viejas canciones proletarias de la Gran depresión en homenaje al propio Woody Guthrie y que está interpretado por Marcus Carl Franklin. El actor Christian Bale da vida a Jack Rollins, un joven cantante folk cuya carrera comienza en Greenwich Village y acaba convirtiéndose en una estrella mundial antes de abrazar el cristianismo y entregarse a la difusión del Evangelio. Por su parte Heath Ledger encarna a Robbie, un artista mujeriego que vive en la carretera y aspira a convertirse en un nuevo James Dean mientras Norteamérica vive los últimos días de la guerra de Vietnam. Cate Blanchett da vida a un joven músico de aire andrógino llamado Jude Quinn que remeda el episodio de Newport y el paso a la guitarra eléctrica, aunque esta vez se ubica en un festival de New England. En esta parte, la película pasa a blanco y negro para convertirse en un falso documental ambientado en el Londres sesentero. Por su parte Richard Gere encarna a un viejo fugitivo llamado Billy que se esconde en un refugio de montaña y se rebela cuando la civilización invade su personal santuario; un trasunto de Billy el Niño en plena fiesta de Halloween en un delirante pueblo del oeste, una especie de remedo de la ambientación de la película *Pat Garret & Billy The Kid*. Finalmente, Ben Whishaw encarna Arthur Rimbaud, un poeta rebelde que desde una sala de interrogatorios va respondiendo a preguntas sobre los mensajes de su música y se convierte en el nexo de unión que explica la evolución del resto de personajes de la película. En el reparto figuran además Charlotte Gainsbourg, dando vida a Clara, personaje inspirada en Sara Lowds, la primera esposa de Dylan; Julianne Moore, que interpreta a una peculiar Joan Baez, Garth Gilker, metiéndose en la piel de Woody

Guthrie y Bruce Greenwood, dando vida a dos personajes: el periodista MR Jones y Pat Garret. Otros personajes que pululan por la película son The Beatles, el mánager Albert Grossman y Edie Sedgwick, la musa de Andy Warhol.

La banda sonora está compuesta por treinta y cuatro canciones de Bob Dylan interpretadas por artistas legendarios como Ramblin' Jack Elliott, Richie Havens, John Doe, Willie Nelson, Los Lobos, Tom Verlaine o Roger McGuinn, de The Byrds, o por músicos de hornadas mucho más recientes del folk y el rock independiente como Eddie Vedder, el cantante de Pearl Jam, Lee Ranaldo, de Sonic Youth, Jeff Tweedy, el líder de Wilco, Yo La Tengo, Cat Power, Iron & Wine, Charlotte Gainsbourg, Sufjan Stevens, Mira Billote, líder de White Magic, Glen Hansard, de The Frames, The Black Keys, Jim James, de My Morning Jacket, Karen O, la cantante de Yeah Yeah Yeahs, Mason Jennings, Markéta Irglová, Anthony and the Johnsons, Stephen Malkmus, líder de Pavement, The Hold Steady, Bob Forrest, Mark Lanegan y Marcus Carl Franklin, el niño que interpreta a Woody Guthrie en la película. La guinda la pone el propio Dylan interpretando el tema que da título al film. El grupo base de acompañamiento es The Million Dollar Bashers, una banda creada expresamente para la película e integrada por Lee Ranaldo y Steve Shelley de Sonic Youth, Nels Cline de Wilco, Tom Verlaine de Television y Tony Garnier, Smokey Hormel y John Medeski, músicos de la banda de Dylan.

La película se estrenó en Estados Unidos en noviembre de 2007 con críticas muy irregulares. Fue calificada de surrealista, irregular, oportunista, extravagantemente genial o exageradamente ambiciosa. Lo cierto es que la película está muy lejos del tradicional *biopic* al uso, pero realiza un magnífico ejercicio de acercamiento a la vida y música de Dylan, desde ópticas novedosas y sorprendentes.

---

65 Revisited

D.A. Pennebaker, 2007

Cuarenta años después de editar *Don't Look Back*, el director de la película recuperó material de aquella gira de Dylan por Inglaterra en 1965 y, con algunas escenas inéditas y algunas actuaciones musicales que se habían

quedado fuera del montaje original, entre las que figura su memorable
«To Ramona», construye una especie de segunda parte con comentarios
propios y de Bob Neuwirth, que en 1965 ejerció el papel de *road manager*
de la gira de Dylan. En esta ocasión el protagonismo se centra en Joan
Baez, Bob Neuwirth, y Nico, la musa de Andy Warhol, aparte del propio
Dylan y Bob Neuwirth y Albert Grossman, que aparecen residualmente.

Casualidad o no, en esta recuperación de escenas descartadas se muestra a un Dylan más simpático, menos ególatra, más amable con la prensa
y con los fans y menos cruel con sus compañeros de gira. Además de
algunas escenas nuevas se incluyen también guiños al pasado como la
reproducción de la famosa escena de los tarjetones escritos, con la que
comienza la versión original de 1967 y que esta vez sirve para cerrar el
film, con el productor Tom Wilson haciendo el papel de Allen Ginsberg
y Dylan lanzando las cartulinas en la terraza de un edificio.

A diferencia de la versión inicial de *Don't Look Back*, ahora sí se inclu-
yen canciones enteras, con piezas históricas como la grabación de «Wild
Mountain Thyme», a dúo con Joan Baez, «Don't Think Twice, It's Al-
right», la cara B de «Blowin' in the Wind», y las archiversionadas «Love
Minus Zero/No Limit», «It's All Over Now, Baby Blue», «It Ain't Me
Babe», «She Belongs to Me», «The Lonesome Death of Hattie Ca-
rroll», «It's Alright, Ma (I'm Only Bleeding)», «If You Gotta Go, Go
Now», «It Takes a Lot to Laugh, It Takes a Train to Cry» y «I'll Keep It

With Mine», además de la ya mencionada «To Ramona», cuyo registro es uno de los grandes hitos de esta película.

La película, que dura exactamente sesenta y cinco minutos, se estrenó en noviembre de 2007 y tuvo una acogida favorable por parte de la prensa especializada que destacó especialmente el hecho de que se recuperasen íntegramente las canciones grabadas en la gira de 1965 y que habían sido innecesariamente mutiladas en la primera versión editada en 1967.

Bob Dylan: The American Troubadour
Stephen Crisman, 2000

Documental para televisión producido y dirigido por Stephen Crisman y escrito por Ben Robbins, en el que se realiza un recorrido de dos horas de duración por la vida del artista de Minnesota a base de escasos fragmentos de declaraciones históricas de Bob, grabaciones sueltas de archivo de las ciudades en las que vivió, algunos conciertos, y sobre todo muchas fotografías y entrevistas a personas de su entorno en distintos momentos de su vida. Por la película desfilan desde amigos de la infancia como John Bucklen, a músicos que coincidieron con él a lo largo de su carrera, como Dave Van Ronk, Happy Traum, Carolyn Hester, Levon Helm, César Díaz; líderes universitarios y activistas políticos como Todd Gitlin; periodistas especializados como Al Aronowitz, Joe Levy de la revista *Rolling Stone* o Dan Wooding, fotógrafos como Elliot Landy, compositores como Jacques Levy o técnicos de algunos de sus discos como Mark Howard. Con todo ello Crisman compone en retrato que no aporta novedades a todo lo que ya se había filmado sobre Dylan, pero que permite hacer un recorrido histórico correcto y especialmente apto para aquellos que sin ser devotos del artistas quieran conocer un poco más de su historia y su leyenda. A falta de documentos realmente históricos, ya que el documental no recoge ni una sola imagen de archivo de televisión ni nada que previamente haya sido utilizado en otros trabajos audiovisuales sobre el artista, el narrador se apoya en un texto escueto pero eficaz sobre cientos de fotos y retazos de entrevistas realizadas expresamente para este proyecto.

The Other Side of the Mirror: Bob Dylan at the Newport Folk Festival 1963-1965

Lester Murray, 2007

Se trata de una secuela del mítico documental *Festival*, dirigido por el propio Murray en 1967 en el que se repasaba lo más destacado del New-port Folk Festival entre 1963 y 1966. Para este nuevo montaje el director echa mano de imágenes inéditas para realizar una nueva crónica de aque-llos legendarios días y hacer una nueva aproximación al personaje de Bob Dylan y su evolución estilística a lo largo de los tres años sucesivos en lo que participó en el festival, hasta llegar a la traca final de su polémica electrificación en 1965. A pesar de las vueltas que se le han dado a este episodio, el pase de Bob del folk más puro al rock más innovador sigue siendo un reclamo seguro para las nuevas generaciones de espectadores y un atractivo inevitable para los nostálgicos. En esta revisión de la obra original, Murray carga el protagonismo en Dylan, que se apoya en Joan Baez, Johnny Cash, Judy Collins y Pete Seeger.

La música es la protagonista exclusiva de este documental en el que no hay voz en *off*, ni entrevistas, ni declaraciones a cámara, lo que nos permite observar la rápida evolución del músico de Minnesota en tan solo treinta y seis meses, desde su aparición por primera vez junto a Joan Baez en un formato acústico absolutamente sobrio y fundamentalmente centrado en la llamada canción protesta enarbolando la mítica «Blowin' In The Wind», su siguiente aparición en 1964, estrenando su «Mr. Tambourine Man» y proclamado ya como el nuevo mesías del folk norteamericano con las bendiciones de Johnny Cash y su inseparable Joan Baez y finalmente su espectacular y polémico trasvase a la senda del rock, acompañado por el guitarrista Al Kooper y The Paul Butterfield Blues Band y empuñando su Fender Stratocaster, para pasmo y enfado de puristas como Pete Seeger o Ronnie Gilbert, cantante de The Weavers, que aquel 25 de julio presentó a Dylan con una frase que el cantante acabaría denostando como si de un insulto se tratase: «ustedes lo conocen, es suyo». Esta película de ochenta y tres minutos de duración, producida por Columbia-Sony BMG, fue transmitida por el canal BBC Four, el 14 de octubre de 2007.

The 30th Anniversary Concert Celebration
Gavin Taylor, 1993

En esta grabación en formato documental para la televisión, Dylan estuvo acompañado por The Band, Mary Chapin Carpenter, June Carter Cash, Johnny Cash, Stevie Wonder, Tracy Chapman, John Mellencamp, Eric Clapton, Dennis Hopper, Kris Kristofferson, Chrissie Hynde, Booker T. Jones, The O'Jays, Lou Reed, Tom Petty, Johnny Winter, Ron Wood, Neil Young, George Harrison o Willie Nelson, entre otras rutilantes estrellas de la música pop. La película recoge el concierto celebrado en el Madison Square Garden de Nueva York el 16 de octubre de 1992 para celebrar los treinta años de carrera de Dylan desde el lanzamiento de su primer disco.

El principal aliciente de esta cinta es la oportunidad de escuchar algunos de los temas más míticos del genio de Duluth interpretados por los artistas invitados al homenaje, como por ejemplo el «Like a Rolling Stone» cantando por John Mellencamp, el eterno «Blowin' In The Wind» en versión de Stevie Wonder, «Foot of Pride» en la voz del carismático Lou Reed, la emblemática «The Times They Are A-Changin'» inter-

pretada por Tracy Chapman, Richie Havens cantando «Just Like a Woman» o «When I Paint My Masterpiece», compuesta por Dylan e interpretada originalmente por The Band.

Al concierto asistieron dieciocho mil espectadores, ante los que el
homenajeado Dylan interpretó tres temas: «It's Alright, Ma (I'm Only
Bleeding)», «Girl From The North Country» y «My Back Pages», este
último acompañado por Roger McGuinn, Tom Petty, Neil Young, Eric
Clapton y George Harrison. El film fue producido por Radio Vision International, dura 204 minutos y con el paso del tiempo se ha ido convirtiendo en un documento histórico, no sólo en la historiografía de Dylan,
sino de la historia de la música rock en general.

Videoclips

En puridad, el primer videoclip de Dylan es el extracto de la película
Don't Look Back, en el que Dylan lanza al suelo tarjetones con palabras
y frases mientras suena «Subterranean Homesick Blues», una pieza que
no sólo ha sido imitada decenas de veces, sino que marca un antes y un
después en las grabaciones musicales, cuando no hacía ni diez años que

Elvis Presley grabase *Jailhouse Rock*, considerado el primer vídeo musical de la historia. La mayoría de los vídeos de Dylan siguen un patrón muy similar: retazos de viejas grabaciones de época, en distintos momentos de su vida y conciertos históricos como soporte de la canción de turno, como es el caso de «Just Like Tom Thumb's Blues» o «Thunder On The Mountain», o sobrias grabaciones de actuaciones grabadas expresamente como en el caso de «Emotionally Yours», «Love Sick» o «Things Have Changed».

Para no salirse de su línea habitual en lo que concierne a su trayectoria audiovisual, Dylan ha tenido una fortuna muy irregular con sus vídeos, que han recibido más críticas que aplausos. El de «Jokerman», producido a medias con Mark Knopfler en 1983 es una sucesión de fotos del artista e imágenes fijas de obras de arte sin demasiado sentido. «Tight Connection to My Heart (Has Anyone Seen My Love)», rodado en Japón en 1985 y dirigido por Paul Shrader es bastante errático y parece más un muestrario estético de la época. El de «Political World», dirigido por John Mellencamp en 1989, es tan pretencioso como anodino. Su hijo Jesse Dylan dirigió en 1990 el vídeo de «Most of the Time», una correcta producción con Dylan y su banda interpretando el tema en un set de rodaje y al año siguiente Chris Austopchuk, Nicky Lindeman y Meiert Avis unieron sus talentos para dirigir el videoclip de la canción «Series of Dreams», uno de los más elaborados de su carrera a la que, en medio de algún exceso de alardes estilísticos, hace un repaso que incluye la inevitable escena del los tarjetones y el famoso homenaje poniendo flores en la tumba de Jack Kerouac. En 1993 fue el propio Bob quien se puso a las órdenes del director David A. Stewart, para calzarse un sombrero de chistera y hacer una de sus parcas interpretaciones en el clip de «Blood in My Eyes». En ocasiones los cortos han estado protagonizados por estrellas cinematográficas, como es el caso de Scarlett Johanson en «When the Deal Goes Down», en el año 2006. También los hay de alardes de producción cinematográfica como el de Tom Krueger, «Cross the Green Mountain», con imágenes de la película *Gods and Generals*, en cuya banda sonora estaba incluida la canción.

En la red circulan también numerosos vídeos dirigidos por Sam Erickson y producidos por Eric Bell en los que el crítico de rock Bob Egan investiga y explica los escenarios reales de portadas y el trasfondo de álbumes como *Bringing It All Back Home*, *Blonde On Blonde* o *Highway 61 Revisited*. Por tener, tiene hasta un vídeo del popular villancico del Tamborilero, «Little Drummer Boy,» un trabajo de animación dirigido en 2009 por Jeff Scher, justo el mismo año en el que Nash Edgerton realizó el festivo y un tanto delirante vídeo de «It Must Be Santa» con Dylan sumergido en una juerga navideña de aire irlandés. Edgerton es también el autor del videoclip del tema «Beyond Here Lies Nothin'», una cruda historia de violencia doméstica.

En 2012 el australiano Nash Edgerton fue de nuevo el encargado de realizar el videoclip de «Duquesne Whistlewhistle» la canción escogida para promocionar el álbum *Tempest*. El vídeo muestra los azarosos intentos de un joven que intenta ligar con una chica de la que se queda prendado en plena calle y le suceden todo tipo de desgracias encadenadas: ella le rocía con spray, la policía lo persigue y pasa la noche detenido, siendo al final secuestrado por unos matones que le dan una brutal paliza mientras él sueña que baila con la chica en mitad de una calle. Un alarde de efectismo y acción.

Al año siguiente, en 2013, su compañía lanzó el vídeo oficial de «Like a Rolling Stone», con motivo de la promoción de una caja con su discografía completa. Cuarenta y ocho años tardó en realizar el vídeo de su mítica canción, en el que usa el *zapping* inducido, de forma que el espectador puede elegir escuchar el playback de la canción interpretado por los protagonistas de distintos programas de televisión: un informativo, otro sobre moda, uno sobre compraventa de antigüedades, otro más sobre recetas de cocina, un programa infantil o una retransmisión de deportiva, y así hasta un total de dieciséis versiones con algunos de los rostros más populares de la televisión estadounidense. Lo cierto es que el vídeo supone un alarde de producción por parte de Sony y tuvo una excelente acogida en Internet, aunque también recibió agudas críticas por su excesivo espíritu comercial, como si no fuese ese el objetivo final del mismo.

Ese mismo años de 2013 la cineasta Jennifer Lebeau dirigió un vistoso vídeo de la canción «Pretty Saro», editado a base de fotografías e imágenes de los años cuarenta con notable protagonismo de las mujeres trabajadoras en las fábricas durante los días de la Segunda Guerra Mundial. La misma autora, también con imágenes de archivo había realizado el vídeo de «Guess I'm Doing Fine», en 2010.

Por el momento la última aportación de Dylan al universo cinematográfico es el videoclip de «The Night We Called It a Day», un genial homenaje al cine negro en su formato más clásico, el de los años treinta y cuarenta del pasado siglo, dirigido una vez más por Nash Edgerton e

interpretado por Robert Davi, Tracy Phillips y el propio Dylan, que em-
puña un revólver con la misma soltura que un plumero y sigue tan hierá-
tico como siempre. La canción pertenece al álbum *Shadows In The Night*,
que salió a la venta en febrero de 2015 y es un homenaje a Frank Sinatra,
interprete original de los diez temas del disco.

Bibliografía

Antolín-Rato, Mariano. *Bob Dylan*, 2, Ediciones Jucar, Gijón, 1972.

Araguas Ávarez, Vicente. *El mundo poético de Bob Dylan*, Tesis, Universidad de A Coruña, 2014.

Bauldie, John. *Bob Dylan. Se Busca*, Celeste Ediciones, Madrid, 1994.

Bauldie, John (editor.). *Wanted Man: In Search of Bob Dylan*. Black Spring Press, London, 1990

Bob Dylan. *El profeta de los ojos tristes*, Editora AC, Buenos Aires 2008.

Bon, François. *Bob Dylan. Une biographie*, Albin Michel, París, 2007.

Castro, Quino. *Dylan según la prensa. Gira española 1995*, Grupo Dylaniano Del Sur De España, 1995.

Corazón, Alberto (editor). *Bob Dylan. George Jackson y otras canciones*, Visor de poesía, 1996.

Cott, Jonathan. *Dylan sobre Dylan. 31 entrevistas memorables*, Global Rhythm, Barcelona, 2008.

Curado, Antonio. *20-20 Visión. Apuntes sobre la vida de Bob Dylan*, Ediciones Covarrubias, Toledo, 2007.

Dowley, Tom & Dunnage, Barry. *Bob Dylan: From a Hard Rain to a Slow Train*, Hippocrene Books, New York, 1984.

Dylan, Bob, Rodgers, Paul. *Joven para siempre*, Editorial Blume, Barcelona, 2009.

Dylan, Bob & Feinstein, Barry. *Fotorretórica de Hollywood*, Global Rhythm, Barcelona, 2009.

Dylan, Bob. *Letras 1962-2001*, Global Rhythm, Barcelona, 2007

Dylan, Bob. *Tarántula*, Global Rhythm, Barcelona, 2007.

Dylan, Bob / Izquierdo, Miguel (trad.). *Bob Dylan: Crónicas (Vol. I)*, Global Rhythm, Barcelona, 2005.

Dylan, Bob. *Canciones*, Editorial Alberto Corazón, Colección Visor, Madrid, 1972.

Dylan, Bob / Manzano, Alberto (trad.). *Bob Dylan. The 30Th Anniversary Concert*, Celeste Ediciones, Madrid, 1993.

Dylan, Bob. *Canciones 1 y 2*. Editorial Fundamentos, Madrid, 1984 y 1985.

Escudero, Vicente. *Bob Dylan. Las canciones / Las palabras / Los discos*, Ediciones Jucar, Gijón, 1996 (3 Tomos).

Escudero, Vicente. *Bob Dylan en la prensa española*, Ediciones Júcar, Gijón, 1995.

Escudero, Vicente. *Bob Dylan. Luces y Sombras*, Editorial La Mascara, Valencia, 1993.

Escudero, Vicente. *Bob Dylan 4*, Ediciones Júcar, Gijón, 1992.

Escudero, Vicente. *Bob Dylan. Hombre, músico, poeta, mito*, Editorial Lumen, Barcelona, 1991.

Gancel, Charles & Delmas, Yves. *Protest Song: la canción protesta en los Estados Unidos en los años sesenta*, Milenio, Lleida, 2014.

García, Francisco. *Bob Dylan en su edad de oro (1997 – 2007)*, Guías Efe Eme, Grupo Midons, Valencia, 2006.

García Cubero, Francisco. *Bob Dylan en España. Mapas de carretera para el alma*, Editorial Milenio, Lleida, 2000.

Faux, Danny. *Bob Dylan, 3*, Ediciones Jucar, Gijón, 1982.

Gray, Michael. *The Bob Dylan Encyclopedia*, Continuum, New York, 2006.

Gray, Michael. *Song and Dance Man III: The Art of Bob Dylan*, Continuum Book, London, 2012.

Heylin, Clinton. *Bob Dylan: Behind the Shades, Take Two*, Viking, 2000.

Heylin, Clinton. *Bob Dylan. A Life in Stolen Moments. Day by Day: 1941-1995*, Schirmer Books, New York, 1996.

Humphries, Patrick & Bauldie, John. *Oh No! Not Another Bob Dylan Book*, Square One Books, New York, 1991.

Izquierdo, Eduardo. *Bob Dylan. La trilogía del tiempo y el amor*, 66 RPM, Barcelona, 2014.

Jimenez Eman, Gabriel. *Bob Dylan y John Lennon. Dos trovadores del siglo XX*, Editorial Fundarte, Caracas, 2010.

Jové, Josep Ramón. *Canciones para después del diluvio. Bob Dylan disco a disco (10961 – 1996)*, Editorial Milenio, Barcelona, 1997.

Knopf, Alfred A. *Bob Dylan. Escritos, canciones y dibujos*, Editorial R. Aguilera/Castilla, 1975.

Ledesma Saúco, Javier. *Bob Dylan: Dios y Jesucristo, ¿Una provocación?* Ediciones C&G, Ciudad Real, 2006.

Marcus, Greil. *Bob Dylan*, Galaade, París, 2013.

Marcus, Greil. *Like a Rolling Stone. Bob Dylan en la encrucijada*, Global Rhythm, Barcelona, 2010.

Margotin, Philippe & Guesdon, Jean-Michel. *Bob Dylan: Todas sus canciones*, Editorial Blume, Barcelona, 2015.

Manzano, Alberto. *Bob Dylan*, Salvat Editores, Barcelona, 1991.

Martin, Luis. *Bob Dylan*, Ediciones Cátedra, Madrid, 1991.

Martín, Luís. *Bob Dylan. Una leyenda viva*, Global Ediciones, 1989.

Michel, Steve. *The Bob Dylan Concordance*, Rolling Tomes, Grand Juction – Colorado, 1992.

Miles (editor). *Bob Dylan visto por si mismo*, Ediciones Jucar, Gijón, 1984.

Muir, Andrew. *Razor's Edge: Bob Dylan & the Never Ending Tour*, Helter Skelter, London, 2001.

Ordovás, Jesús. *Bob Dylan*, Ediciones Jucar, Gijón, 1972.

Polizzotti, Mark. *Bob Dylan's Highway 61 Revisited*, Continuum, New York, 2006.

Polizzotti, Mark. *Highway 61 Revisited*, Libros Crudos, Bilbao, 2010.

Pontones, Jaime. *El blues de la nostalgia subterránea. Bob Dylan: Infiernos y Paraísos*, Editorial Posada; México, 1988.

Rémond , Alain. *Los caminos de Bob Dylan*, Ediciones Sígueme, Salamanca, 1973.

Ricks, Christopher. *Dylan poeta. Visiones del pecado*, Cuadernos de Langre, San Lorenzo de El Escorial, 2008.

Santelli, Robert. *Bob Dylan, El álbum, 1956-1966*, Global Rhythm, Barcelona, 2005.

Scaduto, Anthony. *La biografía de Bob Dylan*, Ediciones Jucar, Gijón, 1975.

Scobie, Stephen. *Alias Bob Dylan*, Red Deer, Alberta-Canadá, 1991.

Sierra i Fabra, Jordi. *Buscando a Bob*, Anaya, 2005.

Sierra i Fabra, Jordi. *Bob Dylan. La historia interminable*, Círculo de Lectores, Barcelona, 1986

Sierra i Fabra, Jordi y Bianciotto, Jordi. *Bob Dylan*, ABC. Madrid, 2005.

Sierra i Fabra Jordi. *Bob Dylan. 1941-1979*, Música De Nuestro Tiempo, Buenos Aires, 1979.

Shepard, Sam. *Rolling Thunder. Con Bob Dylan en la carretera*, Anagrama, Barcelona, 2006.

Sounes, Howard. *Bob Dylan. La Biografía*, Reservoir Books, Barcelona, 2002.

Southall, Brian. *Los tesoros de Bob Dylan*, Libros Cúpula, Barcelona, 2013.

Varios Autores. *Bob Dylan Revisited*, Norma Comics, Barcelona, 2010.

Varios Autores. *Dylan: historias, canciones y poesía*, Libros Cúpula, Barcelona, 2009.

Varios Autores, *Dylan. Un libro de A.U.* Editorial Fundamentos, Madrid, 1974.

Vicedo, Juan J. *Escuchando a Dylan*, Círculo Rojo, Almería, 2013.

Vico, Darío. *Bob Dylan. Una introducción*, Editorial La Máscara, Valencia, 2000 (Reedición Guías efe eme 2005).

Williams, Paul. *Bob Dylan. Años de juventud / madurez / luces y sombras*, Robinbook, Barcelona, 2004 - 2005 (3 tomos).

Williams, Richard. *Dylan: A Man Called Alias*, Bloomsbury, London, 1992.

En la misma colección

Heavy Metal
Andrés López Martínez

Este libro hace un repaso pormenorizado de la historia del heavy metal, destacando las claves del género y las bandas más representativas del panorama internacional, incluyendo aquellas que más suenan en España e Hispanoamérica.

- Metal progresivo: Queensrÿche, Fates Warning y Dream Theater.
- Funk Metal: Living Colour, Primus, Red Hot Chili Peppers, Faith No More.
- Grindcore: Napalm Death, Carcass, Bolt Thrower, Brutal Truth, Extreme Noise Terror.
- Groove Metal: Exhorder, Pantera y White Zombie.

Soul y Rhythm & Blues
Manuel López Poy

Este libro hace un repaso pormenorizado de la historia del soul y el rhythm and blues, destacando cuáles son las claves de un género que ha hecho bailar y emocionarse a media humanidad, así como una amplia selección de sus principales grupos y los álbumes fundamentales que lo componen.

- Los grandes pioneros: Sam Cooke y Ray Charles.
- Bajo el sello Stax Records: Otis Redding, Sam & Dave.
- Llega la revolución soul: Aretha Franklin.
- El fenómeno Motown: The Supremes, Gladys Knight & The Pips.
- El neo soul: Amy Winehouse, Erykah Badu, Jill Scott.

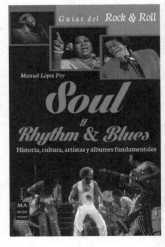

Rockabilly
Manuel López Poy

Este libro es una completa guía para conocer los grupos y los personajes clave que forjaron la leyenda y el mito del rock y de uno de sus principales subgéneros, el rockabilly.

- Fats Domino: el pionero de Nueva Orleans.
- Johnny Hallyday, el orgullo francés.
- Buddy Holly, el chico formal de contundente rock and roll.
- Roy Orbison o la trágica melancolía.
- Elvis Presley, simplemente El Rey.

Hard Rock

Andrés López Martínez

El hard rock se ha hecho partícipe de los preceptos ideológicos más sólidos del rock y puede definirse también como fuerza, gallardía, pasión y fulgor. Este libro desbroza la historia del hard rock, destacando sus claves identificativas y las bandas que lo representaron, así como la discografía fundamental.

• Aerosmith, en la montaña rusa del rock americano.
• Alice Cooper Band, shock rock y degeneración fantástica.
• Deep Purple, la señorial saga del heavy rock.
• King Crimson, sólo para paladares exquisitos.
• Led Zeppelin, el paraíso inalcanzable del rock duro.

Dance Electronic Music

Manu González

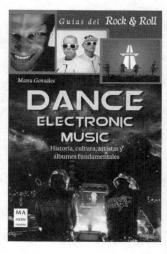

La historia de la música electrónica de baile es la historia de sus instrumentos, de sus clubs, de sus dj's, de sus comunidades y también de sus drogas. He aquí un libro que es algo más que unas páginas sobre música electrónica: es un certero viaje a través de más de cuarenta años de sonidos marcianos, rítmicas imposibles, paredes húmedas y sonido atronador.

• Björk: El house pop que vino del norte.
• The Chemical Brothers: La banda que revolucionó la música de baile.
• Daft Punk: El tecno que se volvió masivo.
• Depeche Mode: El músculo tecno pop.

Rockeras

Anabel Vélez

Mujeres como Grace Slick, Janis Joplin, Tina Turner o Patti Smith tuvieron que saltar muchos obstáculos a la hora de subirse a un escenario y poner música y actitud al rock. Pero también fue su trabajo y su talento lo que les llevó a hacerse un hueco en la historia de este género musical. Esta es la historia de las rockeras más importantes, sus difíciles comienzos, los caminos que les llevaron al éxito y los discos que las encumbraron.

• Pat Benatar: La primera voz del hard rock.
• Patti Smith: La poetisa del rock.
• Amy Winehouse: El mito caído demasiado pronto.
• Marianne Faithfull: La voz rota.